KB275382

소그룹을 위한
소요리문답 공부

-지도자용-

김덕종 지음

드림북

소그룹을 위한 소요리문답공부
–지도자용

· 초판 1쇄 발행 2023년 11월 10일

· 지은이 김덕종
· 펴낸이 민상기
· 편집장 이숙희
· 편집부 민경훈
· 펴낸곳 도서출판 드림북
· 등록번호 제 65 호 · 등록일자 2002. 11. 25.
· 경기도 양주시 광적면 부흥로847 양주테크노시티 220호
· Tel (031)829-7722, Fax(02)2272-7809

들어가는 글

　어릴 때 학교에서 찰흙으로 만들기를 했습니다. 찰흙으로 사람이나 동물 모양을 만들 때 그냥 만들면 안됩니다. 처음에는 모양이 좀 잡히는 것 같지만 쉽게 무너져 버립니다. 먼저 철사로 틀을 만들고 나서 그 위에 찰흙을 붙여 모양을 만들어야 합니다. 그래야 만든 모양이 잘 유지됩니다.

　우리의 신앙을 세울 때도 비슷한 점이 있습니다. 성경은 믿음은 들음에서 난다고 했습니다. 믿음은 덮어놓고 믿는 것이 아닙니다. 성경책을 펼쳐놓고 듣고 읽고 공부할 때 믿음이 성장합니다. 이 때 성경의 한 부분이 아니라 성경 전체를 살펴볼 수 있는 좋은 틀이 바로 교리입니다. 교리는 성경과 별도의 특별한 이론이 아닙니다. 성경 전체의 가르침을 체계적으로 정리한 것입니다. 찰흙 만들기를 할 때와 같이 이 교리라는 틀 위에 말씀을 잘 붙이면 성경전체를 잘 정리하고 이해 할 수 있습니다. 이것을 통해 우리의 신앙이 성장할 수 있습니다.

　교리공부를 처음 시작할 때 많은 사람들이 가장 많이 추천하는 것이 소요리문답입니다. 소요리문답을 통해 교리의 가장 기본을 배울 수 있기 때문입니다.

하지만 막상 교회에서 소요리문답을 가르치거나 배우려고 할 때 좀 막막합니다. 소요리문답은 107개의 질문과 답으로 구성되어 있습니다. 단순하게 질문과 대답형식으로 되어 있는 것을 어떤 식으로 공부해야 할지 감이 잘 잡히지 않기 때문입니다.

이 교재는 소요리문답을 그동안 교회에서 익숙하게 해왔던 방식으로 공부할 수 있도록 도와줍니다. 107개의 문답으로 되어 있는 소요리문답을 내용에 따라 총 26과로 묶어서 공부하도록 되어 있습니다. 교회에서 성경공부 하던 방식으로 매주 한 과씩 공부하다보면 반 년 정도면 소요리문답 전체를 공부할 수 있습니다.

- 교재의 구성

1. 문답소개: 가장 처음 각 과에서 공부하는 소요리문답을 소개하고 있습니다.

2. 문답정리: 소요리문답을 읽으면 금방 이해되는 것도 있지만 아닌 것도 있습니다. 그래서 문답의 내용이 무엇을 말하는지 알 수 있도록 쉽게 정리했습니다.

3. 공부: 문답의 내용을 좀 더 깊이 이해할 수 있는 질문으로 구성되어 있습니다. 근거가 되거나 이해를 돕는 성경구절을 직접 찾아보고 삶에 적용할 수 있습니다.

4. 정리: 매 과에서 배운 것을 서로 나누고 자신의 삶을 돌아볼
   수 있도록 했습니다.

• 공부하는 방법

학생용 교재와 가이드용 교재가 따로 있습니다. 소그룹을 인도
하는 사람이나 혼자 공부하는 사람은 가이드용 교재를 함께 보시
면 됩니다.

〈소그룹을 위한 소요리문답공부〉는 제가 섬기는 교회에서 실
제 제자훈련 교재로 사용하고 있습니다. 여러 팀을 거치면서 신
앙의 많은 유익이 있었다는 고백을 들었습니다. 이 교재를 통하
여 섬기시는 교회에도 하나님의 충만한 은혜가 있기를 소망합니
다.

2023년 10월 김덕종 목사

목 차

제 1 부

하나님에 대하여 믿어야 하는 것
(1-38문)

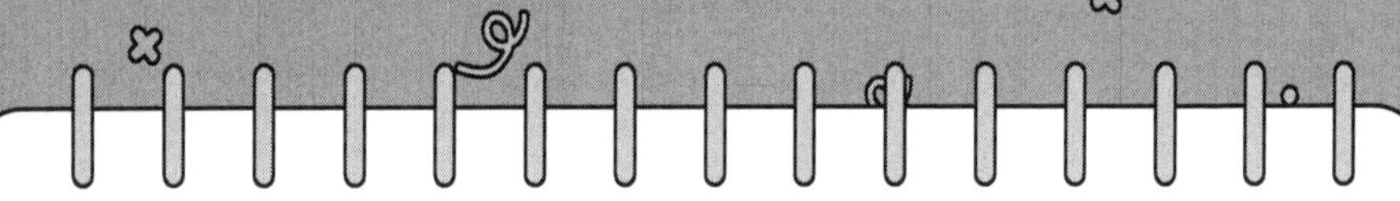

제1과 사람의 주된 목적 (1문)

1문: 사람의 제일 되는 목적은 무엇인가요?

1답: 사람의 제일 되는 목적은 하나님을 영화롭게 하는 것과 영원토록 하나님을 즐거워하는 것입니다.

문답정리

(1) 사람은 인생의 목적을 가지고 있다.

(2) 사람에게 있는 목적 중 가장 중요한 것이 있다.

(3) 가장 중요한 목적은 첫째 하나님을 영화롭게 하는 것이다.

(4) 둘째 영원토록 하나님을 즐거워하는 것이다.

1. 모든 물건은 만들 때 어떤 목적을 위해 만들어졌습니다. 하지만 그 목적 말고도 할 수 있는 것은 많이 있습니다. 자를 예로 들어 보겠습니다.

① 자로 할 수 있는 것은 무엇이 있을까요? 다 이야기 해보세요.

② 자를 사용하는 가장 중요한 이유는 무엇인가요?

⇨ 여러 가지 일을 할 수 있지만 자를 사용하는 가장 중요한 이유는 길이를 재는 것이다.

2. 사람들은 저마다 꿈이 있거나 이루고 싶은 목표가 있습니다. 어릴 때 꿈은 무엇이었나요? 앞으로 이것은 꼭 이루고 싶다고 하는 것이 있나요?

3. 사람은 여러 가지 목적이나 꿈을 가질 수 있습니다. 하지만 모든 사람에게 가장 중요한 목적은 하나입니다. 사람의 가장 주요한 목적은 무엇인가요? (고전10:31)

⇨ 우리가 하는 모든 일의 궁극적인 목적은 결국 다 하나님의 영광을 위한 것이다.

4. 하나님을 영화롭게 한다는 것의 의미를 생각해보겠습니다. 이 땅의 왕들은 왕관이나 입는 옷을 통해서 자신을 영화로운 모습으로 만듭니다. 하나님을 영화롭게 한다는 것도 하나님을 영화로운 분으로 만드는 것인가요? (출15:1)

⇨ 하나님은 그 자체가 영화로우신 분이다. 바다에 물 한 잔 더해도 바다가 달라지지 않는다. 하나님을 더 영광스럽게 만드는 것이 아니다. 하나님의 영광을 드러내는 삶이 하나님을 영화롭게 하는 것이다.

5. 시상식에서 상을 받은 선수나 배우가 소감을 이야기할 때 모든 영광을 하나님께 돌린다는 말을 하는 것을 자주 봅니다. 이 때 하나님께 영광을 돌린다는 말은 어떤 의미가 있을까요?

⇨ 이렇게 말 할 수 있는 이유는 이 상을 주신 분이 하나님이라는 사실을 인정하기 때문이다. 이것을 인정함으로 내 영광이 아니라 하나님의 영광을 드러낸다.

6. 우리가 어떻게 하나님께 영광을 돌릴 수 있나요? 내가 무엇을 특별하게 성취해야 하나요? 아니면 예배를 통해서만 가능한가요? (마5:16)

⇨ 하나님의 자녀가 이 땅에서 사람들에게 인정받고 사는 것이 하나님의 영광을 드러내는 삶이다. 예배에서 끝나는 것이 아니라 우리의 삶을 통해 하나님께 영광을 돌릴 수 있다.

7. 하나님께 영광을 돌리지 않고 자신의 영광을 위해서만 사는 사람들이 있습니다. 하나님께 영광 돌리지 않는 삶의 결과는 무엇인가요? (행12:21-23)

⇨ 자기 영광을 위해 사는 사람들은 사람들의 칭찬을 받을 수는 있지만 궁극적으로 하나님의 심판을 받는다.

8. 하나님을 영화롭게 한다는 것에 대하여 여러 가지를 살펴보았습니다. 이제 하나님을 영화롭게 한다는 것이 어떤 의미인지 한 번 자신의 말로 정리해 해보세요.

9. 다음은 하나님을 즐거워하는 것에 대하여 살펴보겠습니다. '하나님을 즐거워하는 것'과 '하나님을 즐겁게 하는 것'은 어떤 차이가 있을까요?

⇨ 누가 즐거워지느냐의 차이다. 하나님이 즐거워하시느냐, 내가 즐거워하느냐 이다. 하나님을 즐거워하는 것은 내 즐거움의 대상이 바로 하나님이라는 의미이다.

10. 연애할 때를 생각해보겠습니다. 사귀는 사람과 함께 있는 시간이 행복하고 즐겁습니다. 아이를 키우는 것도 비슷합니다. 아이와 있는 시간이 즐겁습니다. 그 이유가 무엇인가요? (시73:25-28)

⇨ 아이를 돌보는 것은 육체적으로 힘들 때도 많다. 그래도 아이와 함께하는 것이 즐거운 것은 사랑하기 때문이다. 하나님을 즐거워하는 것은 하나님을 사랑하는 것이다.

11. 이제 나의 삶을 한 번 돌아보겠습니다. 나는 지금 하나님을 즐거워하는 삶을 살고 있나요? 조금 쉽게 질문을 해보겠습니다. 교회 다니는 것이 즐겁나요? 예배 시간은 어떤가요? 그 시간이 행복한가요? 그렇지 않다면 이유가 무엇일까요?

정리

† 이번 과에서 특별히 새로 알게 된 것이나 은혜를 받은 것이 있다면 이야기해 주세요.

† 이번 과를 배우면서 새롭게 결심한 것이 있다면 이야기 해 주세요.

† 암송구절

"그런즉 너희가 먹든지 마시든지 무엇을 하든지 다 하나님의 영광을 위하여 하라" (고전10:31)

MEMO

 하나님에 대하여 믿어야 하는 것

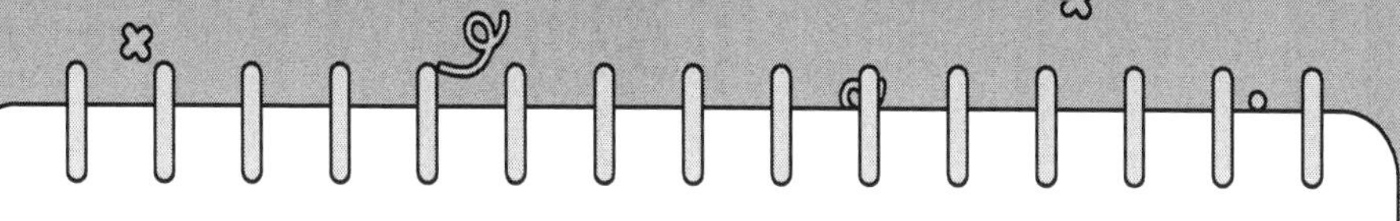

제2과 성경 (2-3문)

2문: 하나님께서 어떤 규칙을 우리에게 주셔서 하나님을 영화롭게 하고 즐거워하도록 지도하셨나요?

2답: 신구약 성경에 기록된 하나님의 말씀은 우리가 어떻게 하나님을 영화롭게 하고 즐거워할 것인지를 지도하는 유일한 규칙입니다.

문답정리

(1) 사람에게 가장 중요한 목적은 하나님을 영화롭게 하고 하나님을 즐거워하는 것이다.

(2) 하나님은 사람이 이 목적대로 살 수 있도록 지도하는 규칙을 주셨다.

(3) 이 규칙은 구약과 신약 성경 안에 있는 하나님의 말씀이다.

(4) 이것은 유일한 규칙이다.

1. 살다보면 누군가에게 선물을 할 기회가 많습니다. 그 때 마다 고민하게 됩니다. 이 선물을 받는 사람이 좋아할까? 받는 사람이 좋아할 선물을 할 수 있는 가장 확실한 방법은 무엇인가요? 그렇다면 하나님을 영화롭게 할 수 있는 가장 확실한 방법은 무엇인가요?

⇨ 선물을 받을 사람에게 물어보면 된다. 그렇다면 하나님을 영화롭게 하기 위해서는 하나님의 뜻을 알면 된다.

2. 하나님의 뜻을 아는 것에 대하여 생각해보겠습니다. 하나님이 자신을 사람에게 알려주시는 것을 '계시'라고 합니다. 이 계시에는 일반 계시와 특별계시가 있습니다. 먼저 다음의 두 구절을 통해 일반계시를 살펴보겠습니다.

  ① 시19:1

⇨ 자연을 통한 계시

  ② 롬2:14-15

⇨ 양심을 통한 계시

  하나님에 대하여 믿어야 하는 것

3. 일반계시로 하나님의 존재를 어렴풋이 알 수 있습니다. 하지만 유한한 사람이 무한하신 하나님을 제대로 알 수 없습니다. 그래서 하나님은 특별한 방법으로 자신을 알려주셨습니다. 그것을 특별계시라고 합니다. 다음의 구절을 통해 특별계시를 살펴보겠습니다.

① 출3:4

⇨ 하나님이 직접 나타나심

② 미1:1

⇨ 선지자들을 통해 말씀하심

③ 수 18:10

⇨ 제비뽑기를 통해 뜻을 보여주심

4. 성경을 보면 하나님의 특별한 계시는 특별한 상황 속에서 주어졌습니다. 그 상황이 지나면 잊혀 질 수 있습니다. 그래서 하나님은 이 특별계시를 기록하게 하여 완성된 계시를 주셨습니다. 그것이 성경입니다. 다음의 구절을 살펴볼까요? (출24:3-4)

5. 왜 성경이 하나님의 뜻을 알 수 있는 유일한 방법인가요? 한 번 자신의 말로 설명해보겠습니다.

6. 다른 종교와 달리 기독교는 성경을 읽고 배우는 것을 강조합니다. 이유가 무엇인가요?

 하나님에 대하여 믿어야 하는 것

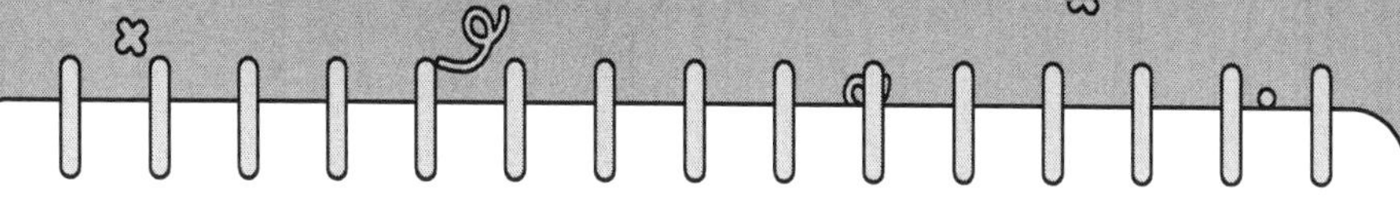

3문: 성경에서 가장 중요하게 가르치는 것은 무엇인가요?

3답: 성경에서 가장 중요하게 가르치는 것은 사람이 하나님에 대하여 믿어야 하는 것은 무엇인가와 하나님께서 사람에게 요구하시는 의무에 관한 것입니다.

문답정리

(1) 성경은 사람이 하나님의 목적대로 살 수 있는 유일한 규칙이다.

(2) 이것을 위해 성경은 가장 중요하게 두 가지를 가르치고 있다.

(3) 첫째 사람이 하나님에 대하여 믿어야 하는 것은 무엇인가 이다.

(4) 둘째 그 하나님이 사람에게 요구하는 의무는 무엇인가 이다.

우리가 세상을 살면서 알고 싶은 것이 참 많습니다. 성경은 이 모든 질문에 대답해주는 백과사전이 아닙니다. 성경이 가르치는 중요한 두 가지가 있습니다. 소요리 문답은 이 두 가지를 자세하게 설명하고 있습니다. 1문부터 38문까지는 사람이 하나님에 대하여 믿어야 하는 것은 무엇인가에 대한 부분입니다. 39문부터 107문까지는 하나님께서 사람에게 요구하시는 의무에 대한 부분입니다.

7. 우리는 이것을 통해 하나님을 아는 것과 아는 것을 실천하는 것이 함께 간다는 것을 알 수 있습니다. 다음 성경구절은 어떻게 말씀하나요? (딤후3:15-17)

⇨ 성경은 첫째 구원에 이르는 지혜를 가르친다. 그 다음에 그렇게 구원받은 사람이 하나님의 사람으로 어떻게 온전하게 살 수 있는 가를 가르친다. 하나님에 대하여 아는 것은 그 하나님이 요구하시는 삶을 살기 위해서이다.

　　하나님에 대하여 믿어야 하는 것

8. 교회에서 성경을 묵상한다는 말을 많이 사용합니다. 성경을 묵상하라고 할 때 어떻게 하시나요? 묵상한다는 것은 그냥 멍하니 있는 것이 아닙니다. 성경을 묵상한다는 것은 어떤 의미인가요?

⇨ 묵상은 본문을 통해 성경이 중요하게 가르치는 두 가지를 곰곰이 생각하는 것이다. 먼저 본문에서 하나님은 어떠한 분으로 나타나고 있는지, 다음에는 그 하나님이 우리에게 요구하시는 삶의 모습이 무엇인지를 생각하며 찾아보는 것이다.

9. 성경이 어떤 책이고, 얼마나 중요한지를 보았습니다. 요즈음이 성경을 열심히 읽고 배우고 있나요? 그렇지 못하다면 이유가 무엇인가요?

† 이번 과에서 특별히 새로 알게 된 것이나 은혜를 받은 것이 있다면 이야기해 주세요.

† 이번 과를 배우면서 새롭게 결심한 것이 있다면 이야기 해 주세요.

† 암송구절

"15 또 어려서부터 성경을 알았나니 성경은 능히 너로 하여금 그리스도 예수 안에 있는 믿음으로 말미암아 구원에 이르는 지혜가 있게 하느니라 16 모든 성경은 하나님의 감동으로 된 것으로 교훈과 책망과 바르게 함과 의로 교육하기에 유익하니 17 이는 하나님의 사람으로 온전하게 하며 모든 선한 일을 행할 능력을 갖추게 하려 함이라" (딤후3:15-17)

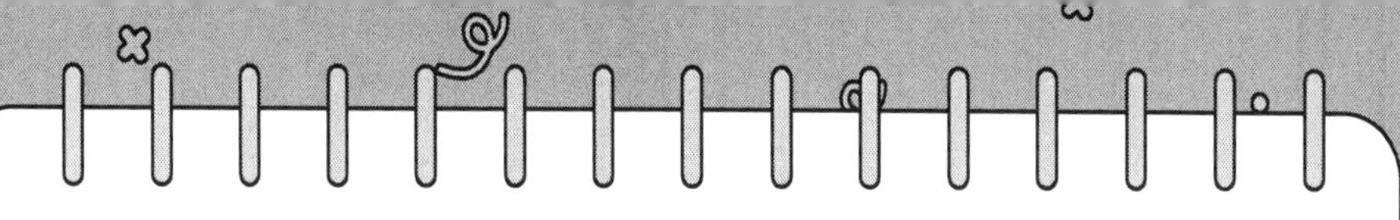

제3과 하나님의 존재 (4-6문)

4문: 하나님은 어떤 분이신가요?

4답: 하나님은 영이시며, 존재와 지혜와 권능과 거룩하심과 공의와 인자하심과 진실하심이 무한하시며 영원하시며 변함이 없으신 분입니다.

문답정리

(1) 성경은 하나님이 어떤 분이신지에 대하여 말씀하고 있다.

(2) 성경이 말씀하는 하나님은 영이시다.

(3) 하나님은 존재, 지혜, 권능, 거룩, 공의, 인자, 진실하심이 무한하고 영원하고 변함없으시다.

1. 하나님은 영이십니다. 이 말은 하나님은 우리 인간과 달리 육체가 없으시다는 말입니다. 그렇다면 다음의 구절은 어떻게 이해할 수 있나요? (사59:1)

⇨ 신인동형론적 표현, 인간의 이해를 돕기 위해 하나님을 인간처럼 표현한 것뿐이다.

2. 하나님이 영이시라는 것이 우리에게는 어떤 의미가 있는지 생각해보겠습니다. 예수님은 하나님이 영이시라는 사실과 무엇을 연결시키시나요? 이것은 무엇을 의미할까요? (요4:24)

⇨ 하나님은 영이시라는 사실과 예배를 연결시키고 있다. 하나님은 영이시니 하나님의 형상을 흉내 낸 우상을 만들어서는 안된다. 또한 하나님은 영이시기에 재물이 필요 없다. 우리가 드리는 예배는 우상과 달리 재물을 많이 바쳐서 신을 기쁘게 하는 것이 아니다.

3. 하나님의 속성이라는 것이 있습니다. 이 중에서 사람도 가질 수 있는 것을 공유적 속성이라고 하고 하나님만이 가질 수 있는 것을 비공유적 속성이라고 합니다. 먼저 비공유적 속성에 대하여 보겠습니다.

① 하나님은 무한하십니다. 이것이 공간에서 나타나면 하나님의 편재성이라고 합니다. 하나님은 모든 공간, 어디에나 존재하십니다. 이것이 우리에게 어떤 위로를 주나요? (시139:7-10)

⇨ 내가 어떤 상황, 어디에 있던지 바로 그 자리에 나와 함께 하신다.

② 하나님의 무한하심은 시간적으로는 영원성으로 나타납니다. 하나님은 영원하십니다. 하지만 우리를 위하여 시간 속에서 일하십니다. (갈4:4-5)

⇨ 예수님은 실제 우리 인간의 역사 속에 오셨다. 하나님은 우리와 상관이 없는 분이 아니라 우리가 살아가는 삶의 현장에서 일하시는 분이시다.

③ 하나님은 변함이 없으신 불변하시는 분이십니다. 불변하신 하나님이 우리의 기도에 응답하는 것은 어떤 의미일까요? (출32:9-14)

⇨ 불변하신다는 것이 아무런 움직임도 없다는 것이 아니다. 끊임없이 행동해야 불변할 수 있다. 예를 들어 사랑이라는 속성을 유지하려면 계속 사랑해야 한다. 모세가 기도하지 않았다면 하나님의 공의가 실행되었을 것이다. 하지만 모세가 기도했을 때 하나님은 그 기도에 응답하시므로 사랑의 속성을 유지하신다.

4. 하나님의 속성 중 공유적 속성은 사람도 가질 수 있습니다. 지혜, 공의, 선함, 사랑 같은 것들입니다. 하지만 이 말이 하나님과 같다는 말이 아닙니다. 사람은 제한적이지만 하나님은 완전하시고 무한하십니다. 그렇다면 우리는 어떻게 살아야 하나요? (눅 6:35-36)

⇨ 하나님의 성품을 따라 살아야 한다.

  하나님에 대하여 믿어야 하는 것

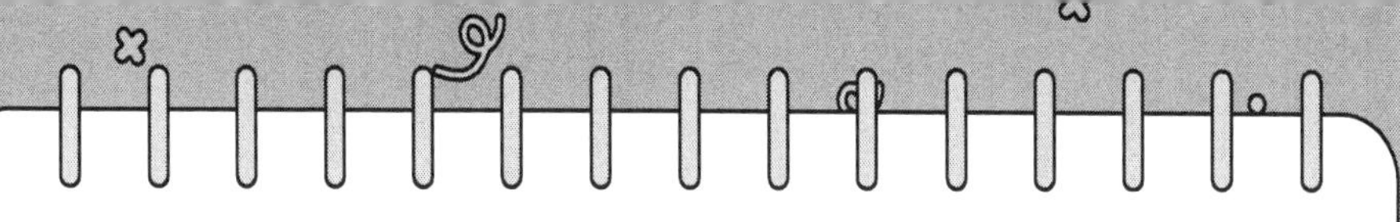

5문: 하나님 한 분 외에 또 다른 하나님이 계신가요?

5답: 오직 살아 계시고, 참되신 하나님은 한 분뿐이십니다.

문답정리

(1) 세상에는 신이라고 불리는 존재들이 많이 있다.

(2) 하지만 살아계시고 참되신 하나님은 한 분 이시다.

5. 세상에는 참 많은 종교가 있습니다. 또 사람들이 신처럼 섬기는 것들도 많이 있습니다. 어떤 것들이 있나요?

6. 세상이 섬기는 우상에 대하여 무엇이라고 말씀하나요? (사 44:15-17)

7. 하나님이 한 분이시라는 것에 대하여 성경은 무엇이라고 말씀하나요? (신6:4)

    하나님에 대하여 믿어야 하는 것

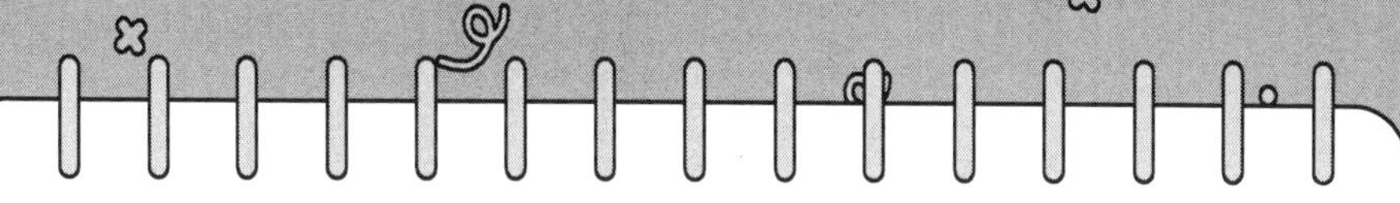

6문: 하나님의 신격에는 몇 위가 계신가요?

6답: 하나님의 신격에는 삼위가 있는데, 성부와 성자와 성령이시며, 이 삼위는 한 하나님이십니다. 삼위 하나님의 본질은 동일하시며, 권능과 영광은 동등하십니다.

문답정리

(1) 하나님은 한 분이시다.

(2) 그런데 하나님의 신격에는 성부, 성자, 성령 삼위가 계신다.

(3) 이 삼위는 하나이시다.

(4) 삼위 하나님의 본질은 같으시다.

(5) 삼위 하나님의 권능과 영광은 동등하시다.

8. 삼위일체는 어려운 교리입니다. 사람들은 이 교리를 이해하기 위해 여러 가지 비유를 사용합니다. 이런 비유들은 대개 잘못된 것이 많습니다. 삼위일체에 대한 다음의 설명들은 무엇이 문제인가요?

① 집안의 아버지가 계시는데 집에서는 가장이고, 교회에서는 집사이고, 회사에서는 과장 이다. 삼위일체가 이와 같다.

⇒ 한 사람이 상황에 따라 역할을 바꾸고 있다. 하나님은 인격적으로 구별된 삼위로 존재하신다.

② 사과는 하나이지만 사과는 껍질과 씨, 알맹이로 구성되어 있다. 삼위일체가 이와 같다.

⇒ 껍질이나 씨, 알맹이 자체는 완전한 사과가 아니다. 하지만 삼위 하나님은 각자가 완전한 하나님이시다.

9. 성경에는 삼위 하나님이 함께 나오는 구절들이 있습니다. 한번 찾아보겠습니다.

① 눅3:21-22

② 요14:16

  하나님에 대하여 믿어야 하는 것

10. 다음의 구절들은 삼위일체에 대하여 무엇을 설명하나요?

 ① 요10:30

⇨ 예수님이 하나님을 아버지라 부르는 것은 자신이 곧 하나님이라는 뜻이다. 하나님이신 예수님이 아버지와 하나라고 하신다.

② 빌2:6

11. 삼위일체 하나님을 보면서 교회가 어떤 모습이 되어야 하는지를 생각해볼 수 있습니다. 예수님은 어떻게 기도하셨나요? (요 17:11)

⇨ 하나님이 삼위일체로 하나가 되신 것 같이 우리도 하나가 되어야 한다.

정리

† 이번 과에서 특별히 새로 알게 된 것이나 은혜를 받은 것이 있다면 이야기해 주세요.

† 이번 과를 배우면서 새롭게 결심한 것이 있다면 이야기 해 주세요.

† 암송구절

"4 이스라엘아 들으라 우리 하나님 여호와는 오직 유일한 여호와이시니 5 너는 마음을 다하고 뜻을 다하고 힘을 다하여 네 하나님 여호와를 사랑하라" (신6:4-5)

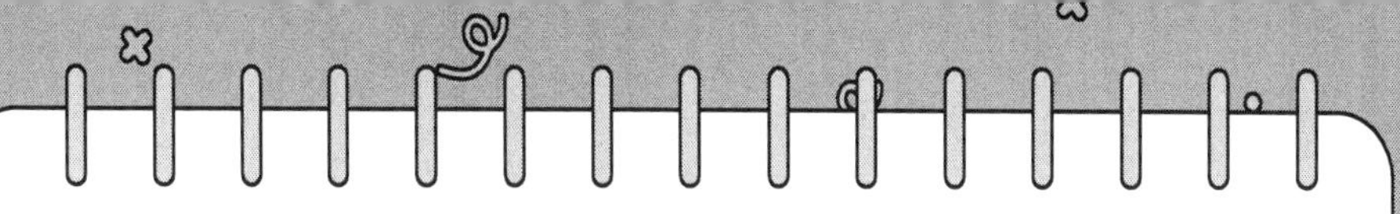

제4과 하나님의 사역_작정 (7-8문)

7문: 하나님의 작정은 무엇인가요?

7답: 하나님의 작정은 그의 뜻의 의논에 따른 영원한 결정이신데 자기의 영광을 위하여 일어날 모든 일을 미리 결정하신 것입니다.

문답정리1

(1) 하나님이 어떤 분이신지 알려면 하나님이 무엇을 하시는지 알아야 한다.

(2) 하나님은 먼저 작정하신다.

(3) 하나님의 작정은 하나님의 뜻의 의논에 따른 영원한 결정이다.

(4) 작정의 범위는 일어날 모든 일이다.

(5) 작정의 목적은 하나님의 영광이다.

영화 배트맨 비긴즈(2005년)에 보면 이런 대사가 나옵니다. "what I do that defines me. (지금 내가 하는 것이 내가 누구인지를 말해준다)" 우리도 하나님이 하시는 일을 통해 하나님이 누구인지 알 수 있습니다. 하나님이 하시는 사역은 크게 셋으로 나눌 수 있습니다. 작정, 창조, 섭리입니다.

1. 하나님은 이 세상에 대하여 하나님의 뜻대로 영원한 결정을 하셨습니다. 이것을 하나님의 작정이라고 합니다. 성경은 이것에 대하여 무엇이라고 말씀하나요? (엡1:11)

2. 하나님의 작정은 하나님의 속성에 기초합니다. 다음 구절을 통해 하나님의 속성을 다시 한 번 확인해보겠습니다. 이 하나님의 속성과 하나님의 작정은 어떻게 관련이 있을까요?

① 롬11:33

⇨ 하나님의 지혜, 하나님의 전지성. 하나님은 모든 것을 다 아신다. 모든 것을 아시는 하나님의 계획은 확실하다.

② 계22:13

⇨ 하나님의 영원성, 하나님은 영원하신 분이시다. 우리는 과거, 현재, 미래의 순서가 있지만 하나님에게는 모든 것이 다 현재이다. 하나님의 계획은 아무것도 모르고 계획하는 우리와 다르다.

정확한 비유는 아니지만 미로를 생각해볼 수 있다. 우리는 미로 안에 있어서 어디로 갈지 모르고 길을 찾는다. 하지만 하나님은 미로 위에 계시는 분이시다. 미로의 시작과 끝을 이미 아신다.

3. 사람은 여러 가지 계획을 세우지만 그 계획대로 되는 것이 별로 없습니다. 하나님의 작정은 어떠한가요? (사14:24) 이것도 하나님의 속성과 연관해서 생각해보겠습니다. (창17:1)

⇨ 아무리 좋은 계획이라도 그것을 수행할 능력이 없으면 성공할 수 없다. 하지만 하나님은 전능하신 분이시다. 어떠한 계획도 이루실 수 있다.

4. 사람이 계획을 세울 때는 항상 변수라는 것이 생깁니다. 자신이 통제할 수 없는, 예측할 수 없는 일들이 있기 때문입니다. 하나님은 어떠신가요? 하나님의 작정의 범위는 어떤가요? (마10:29-30, 잠16:33)

⇨ 하나님의 계획에는 변수가 없다. 하나님의 작정의 범위는 모든 일이다. 참새 한 마리도 하나님의 작정아래 있다. 제비뽑기의 결과도 하나님의 작정 아래 있다.

5. 하나님의 작정은 사람에게 어떻게 나타나나요? (엡1:5)

⇨ 하나님의 작정 중에서 특별히 인간의 구원과 관계된 계획을
예정이라고 한다.

6. 예전에 한 국무총리 후보 지명자가 일본이 조선을 식민지배한
것이 하나님의 뜻이었다는 말을 한 것 때문에 구설수에 오르고
결국 총리가 되지 못했습니다. 이 분의 발언에 대해서 어떻게 생
각하나요? 하나님의 뜻과 하나님의 계획은 어떻게 다를까요?

⇨ 하나님의 뜻은 선하시다. 한 나라가 다른 나라를 악하게 식민
지배하는 것이 하나님의 뜻일 수 없다. 다만 하나님께서 선한 뜻
을 이루기 위해 여러 가지 일들을 계획할 수 있다. 그 일 중에는
한계를 가진 인간은 왜 그런 일이 벌어졌는지 다 이해할 수 없는
일도 많다. 다른 사람의 불행에 대해 함부로 하나님의 뜻이라고
해서는 안된다.

 하나님에 대하여 믿어야 하는 것

7. 하나님이 모든 것을 다 작정하셨다면 사람은 아무런 의지가 없는 명령대로만 행하는 로봇이냐는 질문을 하기도 합니다. 하나님은 사람을 로봇으로 창조하지 않으셨습니다. 자유의지가 있는, 심지어 하나님의 말씀을 불순종 할 수도 있는 존재로 창조하셨습니다. 그 이유가 무엇일까요?

⇨ 하나님도 사람이 하나님을 불순종할 수 있다는 것을 아셨다. 그럼에도 로봇처럼 아무 의지 없이 무조건 복종하는 존재로 만들지 않으셨다. 사람이 로봇 같은 존재라면 행복할 수 없다. 사람을 위하여 자신에게 불복종할 수 있는 의지를 가진 존재로 만드신 것이 하나님의 사랑이다.

8. 사람이 자유의지를 가졌다면 사람은 자신의 행동에 책임을 져야 합니다. 성경은 무엇이라고 말씀하나요? (행2:22-23)

⇨ 예수님이 십자가에서 죽으신 것은 하나님이 정하신 계획이었다. 그렇다고 예수님을 못 박아 죽인 사람들의 책임이 없는 것이 아니다. 성경은 하나님의 영원하신 계획과 사람의 책임을 함께 말씀하고 있다.

9. 사람이 자신의 자유의지를 가지고 마음대로 행동하면 하나님의 뜻은 이루어질 수가 없나요? 다음의 구절이 어떤 의미인지 생각해보겠습니다. (창50:20)

⇒ 요셉의 형들은 악한 마음으로 요셉을 애굽에 팔았다. 하지만 하나님은 그 악한 행동마저 이용하셔서 요셉을 애굽의 총리로 세우시고 많은 백성들의 생명을 구원하게 하셨다. 하나님의 계획은 반드시 성취된다.

10. 하나님의 작정은 이해하기 쉽지 않습니다. 하지만 잘 생각해보면 하나님의 작정은 우리에게 유익합니다. 어떤 점이 유익할까요?

⇒ 내 인생을 내가 계획한다면 불완전할 수밖에 없다. 하나님께서 내 인생에 대한 계획도 가지고 계신다. 그래서 믿을 수 있다.

   하나님에 대하여 믿어야 하는 것

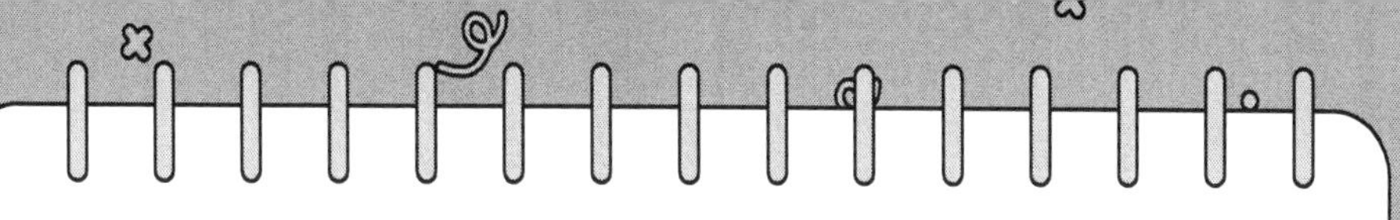

8문: 하나님께서 그의 작정을 어떻게 이루시는가요?

8답: 하나님께서는 창조와 섭리하시는 일을 통해 그 작정을 이루십니다.

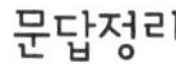

문답정리

(1) 하나님은 영원한 결정을 하셨다

(2) 이 결정은 반드시 이루어진다.

(3) 하나님이 이루시는 방법은 창조와 섭리이다.

† 이번 과에서 특별히 새로 알게 된 것이나 은혜를 받은 것이 있다면 이야기해 주세요.

† 이번 과를 배우면서 새롭게 결심한 것이 있다면 이야기 해 주세요.

† 암송구절

"4 곧 창세 전에 그리스도 안에서 우리를 택하사 우리로 사랑 안에서 그 앞에 거룩하고 흠이 없게 하시려고 5 그 기쁘신 뜻 대로 우리를 예정하사 예수 그리스도로 말미암아 자기의 아 들들이 되게 하셨으니" (엡1:4-5)

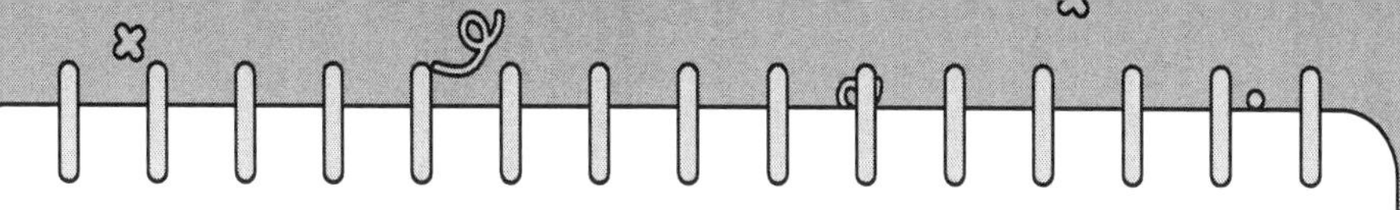

제5과 하나님의 사역_창조 (9-10문)

9문: 창조하신 일은 무엇인가요?

9답: 창조하신 일은 하나님께서 6일 동안에 아무 것도 없는 중에서 그 권능의 말씀으로 하늘과 땅을 지으신 일인데, 그 모든 것이 매우 좋았습니다.

문답정리

(1) 하나님은 작정하신대로 창조하셨다.

(2) 하나님의 창조는 아무 것도 없는 무에서의 창조이다.

(3) 창조는 6일 동안 하나님의 말씀으로 이루어졌다.

(4) 창조의 결과는 모든 것이 매우 좋았다.

1. 하나님의 작정은 창조로 열매를 맺습니다. 창조의 이야기는 창세기 1장에 있습니다. 창세기 1장에 보면 '창조'라는 말이 3번 쓰였습니다. 한 번 찾아보겠습니다.

① 창1:1

⇨ 아무것도 없는 상태에서의 처음 창조

② 창1:21

⇨ 의식 있는 동물 창조

③ 창1:27

⇨ 인격적인 사람의 창조, 창세기 1장에서 쓰인 창조라는 말은 히브리어로 '바라'이다. 이 말은 무에서의 창조를 말한다.

④ 사람도 무엇인가를 만듭니다. 하지만 하나님의 창조와는 다릅니다. 어떤 점이 다른가요?

⇨ 사람은 기존의 있는 것에서 새로운 것을 만든다. 하지만 하나님의 창조는 무에서의 창조이다.

2. 하나님의 창조는 6일 동안 이루어졌습니다. 이 6일간의 창조를 살펴보면 잘 짜여진 질서가 있는 것을 볼 수 있습니다. 창세기 1장을 보면서 다음 표를 채워보겠습니다.

창조전 상태(1:2)	혼 돈	창조전 상태(1:2)	공 허
1일	빛	4일	해, 달, 별
2일	궁창	5일	물고기, 새
3일	바다와 육지, 식물	6일	짐승, 사람

⇨ 1일부터 3일까지의 창조는 혼돈된 세상을 나누는, 틀을 만들고 질서를 세우는 창조이다. 4일부터 6일까지는 이 만들어진 틀에 공허를 채우는 창조이다.

3. 창조의 과정을 통해 우리는 하나님이 일하시는 방법을 한 가지 볼 수 있습니다. (고전14:33) 교회를 섬길 때 우리는 어떻게 해야 하나요?

⇨ 하나님은 질서의 하나님이시다. 교회를 섬길 때 질서 있게 섬겨야 한다.

4. 창세기 1장에 나오는 창조 사역을 보면 반복되는 일종의 창조 공식 같은 것을 볼 수 있습니다.

　① 명령 (창1:9)

　② 실행 (창1:9)

　③ 평가 (창1:10)

5. 이원론이라는 말을 많이 듣습니다. 영에 속한 것은 선하고, 육에 속한 것은 악하다는 생각입니다. 하나님의 창조를 통해 볼 때 이원론의 문제는 무엇인가요? 교회 안에 이런 이원론적인 생각이 있지 않나요?

⇒ 물질세계도 하나님이 창조하셨다. 6일간의 창조는 하나님이 보시기에 좋은 창조였다.

　　　　　하나님에 대하여 믿어야 하는 것

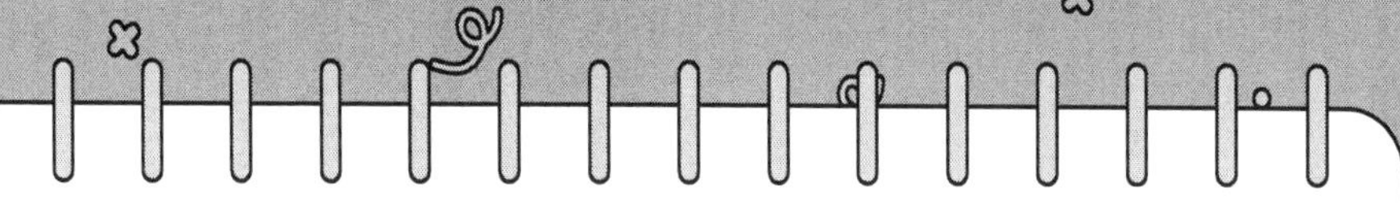

10문: 하나님께서 사람을 어떻게 창조하셨나요?

10답: 하나님께서 사람을 남녀로 창조하시되 자기의 형상대로 지식과 의로움과 거룩함이 있게 창조하셔서 모든 피조물을 다스리게 하셨습니다.

문답정리

(1) 하나님은 사람을 남자와 여자로 창조하셨다.

(2) 하나님은 사람을 자기의 형상대로 창조하셨다.

(3) 하나님의 형상대로 창조된 사람은 하나님을 닮아 지식과 의로움과 거룩함이 있다.

(4) 이렇게 창조하신 이유는 모든 피조물을 다스리도록 하기 위한 것이다.

6. 어릴 때나 지금이나 누구를 닮았다는 말을 들어본 적이 있나
요? 누굴 닮았나요? 그 말을 들으면 기분이 어떤가요?

7. 하나님은 사람을 창조 6일째 가장 마지막에 창조하셨습니다.
이것은 어떤 의미가 있나요? (사45:18)
⇨ 사람이 거주할 수 있는 모든 준비를 마치시고 사람을 창조하
셨다. 6일간의 창조는 사람을 위한 것이다.

8. 하나님은 사람을 하나님의 모양과 형상대로 창조하셨습니다.
이 말은 겉모양을 닮은 존재로 창조했다는 말이 아닙니다. 하나
님은 영이시기 때문입니다. 하나님을 닮은 존재로 창조되었다는
것은 사람이 어떠한 존재가 되어야 한다는 말인가요? (엡4:24)
⇨ 하나님의 성품을 닮아야 한다는 것이다. 하나님을 따라 의롭
고, 진리를 따라 살며 거룩한 존재가 되어야 한다.

     하나님에 대하여 믿어야 하는 것

9. 하나님이 사람을 하나님의 형상대로 창조하신 목적은 하나님
이 창조하신 땅을 통치하게 하는 것입니다.(창1:26). 우리가 어떻
게 이 땅을 통치하며 살 수 있나요? (창2:15)

⇨ 통치라는 것이 사람이 피조물을 억압하는 것이 아니다. 하나
님은 에덴동산에 있는 아담에게 경작하라고 하셨다. 농사를 지으
라는 말이다. 이것은 단순히 농사를 넘어 문화를 만들어가는 것
을 의미한다. 하나님이 주신 자원을 가지고 이 땅에 하나님이 보
시기에 좋은 문화를 만들어가야 한다.

10. 한 번 나의 삶을 살펴보겠습니다. 나는 지금 하나님이 형상대
로 하나님을 닮아가는 삶을 살고 있나요? 이 땅을 다스리는 삶을
살고 있나요?

정리

† 이번 과에서 특별히 새로 알게 된 것이나 은혜를 받은 것이 있다면 이야기해 주세요.

† 이번 과를 배우면서 새롭게 결심한 것이 있다면 이야기 해 주세요.

† 암송구절
"26 하나님이 이르시되 우리의 형상을 따라 우리의 모양대로 우리가 사람을 만들고 그들로 바다의 물고기와 하늘의 새와 가축과 온 땅과 땅에 기는 모든 것을 다스리게 하자 하시고" (창1:26)

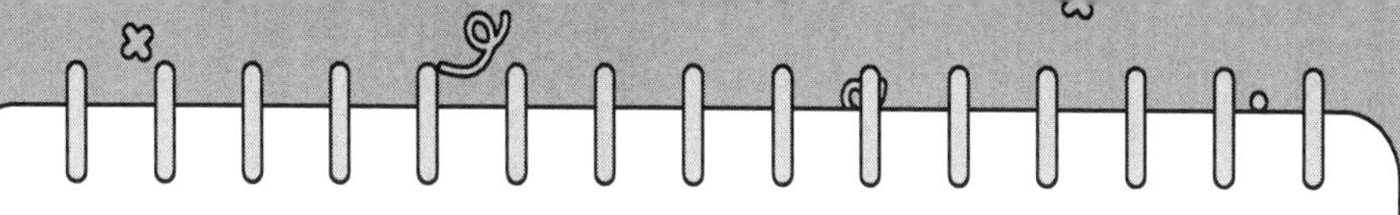

제6과 하나님의 사역_섭리 (11-12문)

11문: 하나님의 섭리하시는 일은 무엇인가요?

11답: 하나님의 섭리하시는 일은 자기의 모든 피조물과 그들의 모든 행동을 가장 거룩하고 지혜롭고 권능 있게 보존하시며 통치하시는 일입니다.

문답정리

(1) 하나님은 창조하신 세상을 섭리하신다.

(2) 하나님의 섭리는 보존하시며 통치하는 것이다.

(3) 섭리의 대상은 모든 피조물과 그들의 모든 행동이다.

(4) 하나님의 섭리는 가장 거룩하고 지혜롭고 권능 있는 방법으로 이루어진다.

1. 가끔 뉴스를 통해 자녀를 낳은 후 키우지 않고 버리는 부모들에 대한 이야기를 볼 수 있습니다. 하나님은 이 세상을 창조하시고 그냥 두지 않으셨습니다. 만약 하나님이 이 세상에 전혀 간섭하지 않는다면 어떤 일이 생길까요?

⇨ 갓난아이가 홀로 클 수 없듯이 이 세상이 창조주 없이 유지될 수 없다.

2. 하나님의 섭리는 첫째 보존입니다. (느9:6) 보존은 하나님이 창조하신 피조물이 창조된 대로 존재하도록 하시는 사역입니다. 쉽게 중력의 법칙을 생각해보겠습니다. 지구상에서 갑자기 중력이 사라지면 어떤 일이 벌어질까요?

⇨ 인터넷을 찾아보면 중력이 사라지면 벌어지는 여러 가지 일들이 나온다.

3. 하나님의 섭리의 두 번째는 통치입니다. (시103:19). 하나님이 통치하신다고 할 때 그 의미는 무엇일까요?

⇨ 창조세계가 하나님의 창조 목적대로 유지되도록 일하시는 사역이다.

4. 하나님의 섭리는 사람으로 제한되지 않습니다. 하나님의 섭리의 대상은 어디까지인가요? (마10:29-30)

⇨ 모든 피조물이다.

5. 어떤 나라는 잘못된 통치자를 만나 나라가 어려움에 처하기도 합니다. 독재자가 나타나는가 하면 무능한 대통령이 다스릴 때도 있습니다. 하나님의 섭리는 어떠한가요? (시145:17)

6. 살다가 보면 우연히 어떤 일을 겪게 되는 경우가 있습니다. 우연히 좋은 기회를 잡았던 적이 있나요? 우연히 라는 말은 어떤 뜻인가요? 하나님의 섭리와 우연은 어떤 관계가 있을까요? (룻2:3)

⇨ 우연이라는 말은 자기의 의도나 계획은 없었다는 말이다. 하지만 그 가운데에서도 하나님의 의도와 계획은 있었다.

7. 섭리 교리는 인간에게 무책임한 삶을 살아도 된다는 것을 말하지 않습니다. 섭리 교리를 통해 우리가 어떻게 살아야 하는 것을 배울 수 있나요?

⇨ 요셉을 생각해보면 요셉이 애굽에 노예로 팔려갔을 때 장차 애굽에서 총리가 될 것이라고 생각하지 않았다. 요셉은 다만 주어진 환경에서 신앙적으로 최선을 다했고, 하나님은 그런 요셉의 인생을 이끌어주셨다. 또 하나님의 섭리를 믿는다면 내가 언제나 하나님 앞에 있다는 코람데오의 신앙으로 살아가야 한다.

 하나님에 대하여 믿어야 하는 것

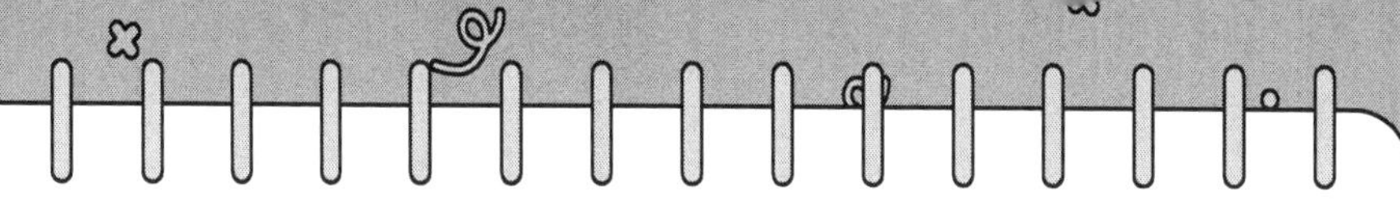

12문: 사람이 창조된 그 상태에 있을 때에 하나님께서 사람에 대해 무슨 특별한 섭리를 행하셨나요?

12답: 하나님께서 사람을 창조하신 후에 완전한 순종을 조건으로 삼아 생명의 언약을 맺고 선악을 분별하는 나무의 실과를 먹는 것은 사망의 벌로 금지 하셨습니다

문답정리

(1) 하나님은 모든 피조물과는 별도로 사람에게 특별한 섭리를 행하셨다.

(2) 특별한 섭리는 하나님이 사람을 창조하신 후에 이루어졌다.

(3) 특별한 섭리의 내용은 생명의 언약이다.

(4) 이것은 완전히 순종하는 것을 조건으로 한다.

(5) 완전한 순종을 위해서 선악을 분별하는 나무의 실과를 먹는 것은 금지하셨다.

(6) 불순종했을 때 내리는 벌은 사망이다.

8. 사람들 사이에도 계약을 맺습니다. 어떤 경우 계약을 맺나요? 사람의 계약을 생각해보면 하나님이 인간에게 계약을 맺으시는 것은 어떤 의미가 있을까요?

⇨ 계약은 계약 당사자를 보호하기 위한 것이다. 그런데 절대적인 강자는 계약이 필요 없다. 자기 마음대로 하면 된다. 약한 사람이 계약을 통해 자신을 보호할 수 있다. 하나님은 피조물인 사람과 계약할 필요가 없다. 이 계약은 하나님을 위한 것이 아니라 사람을 위한 것이다.

9. 선악과에 대해서 부정적인 이야기를 하는 경우가 있습니다. 왜 하나님이 선악과를 만들어서 사람이 죄를 짓게 했냐는 것입니다. 선악과는 인간이 말을 잘 듣나 안 듣나 시험하기 위한 장치가 아닙니다. 하나님은 선악과를 왜 만드셨을까요? (창2:17)

⇨ 선악과는 시험과 유혹의 상징이 아니라 축복의 상징이다. 사람은 만물의 통치자가 맞지만 이것은 하나님의 약속 아래 있을 때 주어지는 축복이다. 선악과를 따먹지 않는 것은 하나님이 주가 되시는 것을 인정하는 것이다. 이것을 인정하면 사람은 세상을 다스리는 통치의 축복을 계속 누리게 된다. 선악과를 보면서 하나님의 축복을 기억할 수 있다. 하지만 이 축복의 상징인 선악과가 인간의 불순종으로 말미암아 저주와 심판의 상징이 되고 말았다.

     하나님에 대하여 믿어야 하는 것

정리

† 이번 과에서 특별히 새로 알게 된 것이나 은혜를 받은 것이 있다면 이야기해 주세요.

† 이번 과를 배우면서 새롭게 결심한 것이 있다면 이야기 해 주세요.

† 암송구절

"19 여호와께서 그의 보좌를 하늘에 세우시고 그의 왕권으로 만유를 다스리시도다" (시103:19)

MEMO

   하나님에 대하여 믿어야 하는 것

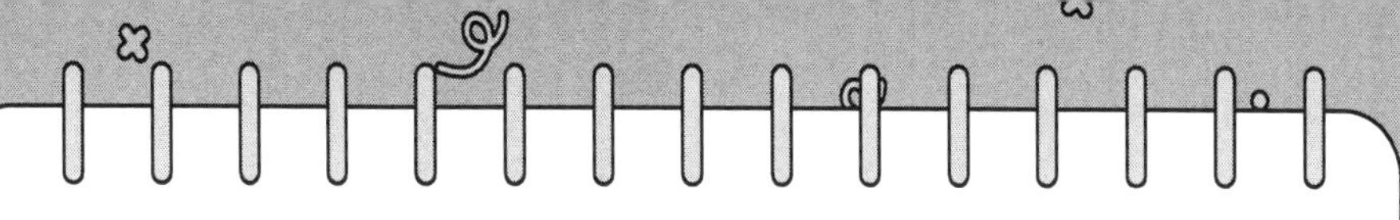

제7과 인간의 타락 (13-16문)

13문: 우리의 첫 조상은 창조된 원래 상태에 그대로 있었나요?

13답: 자유의지에 있던 우리의 첫 조상은 하나님께 대항하여 죄를 범하므로 창조된 원래의 상태에서 타락하였습니다.

문답정리

(1) 하나님은 사람을 창조하시고 생명언약을 맺으셨다.

(2) 하지만 사람은 생명 언약을 유지하지 못해 창조의 원래 상태로 있지 못했다.

(3) 우리의 첫 조상이 자유의지를 따라 하나님께 대항하여 죄를 지었다.

(4) 그 결과 창조된 원래 상태에서 타락했다.

1. ‘사람이 꽃보다 아름다워’라는 노래가 있습니다. 원래 하나님의 형상대로 창조된 사람은 꽃보다 아름다운 존재였습니다. 하지만 뉴스를 보면 사람이 어떻게 이럴 수 있나 하는 것을 많이 보게 됩니다. 기억나는 것이 있으신가요?

2. 사람이 끔찍한 상태에 떨어진 것은 인간이 자유의지를 가지고 하나님께 범죄 하였기 때문입니다. 어떤 사람들은 왜 하나님이 자유의지를 주셔서 죄를 짓게 하셨냐고 말하기도 합니다. 이런 질문에 어떻게 대답할 수 있을까요?
⇨ 앞에서 작정에 대하여 배울 때 한 번 다루었던 문제이다. 하나님은 사람을 로봇이 아니라 자신을 거역할 수도 있는 자유의지를 가진 존재로 만드셨다. 이것이 하나님의 사랑이다.

        하나님에 대하여 믿어야 하는 것

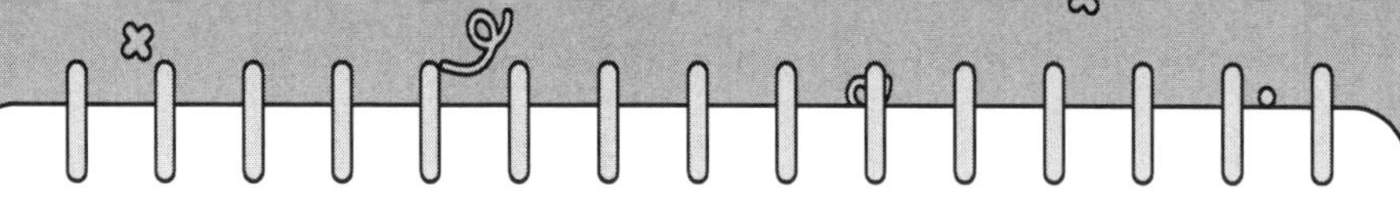

14문: 죄가 무엇인가요?

14답: 죄는 하나님의 법을 순종하는 것에 부족한 것이나 또는 거역하는 것입니다.

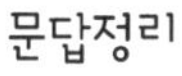

문답정리

(1) 사람은 하나님께 죄를 범하였다.

(2) 죄는 첫째 하나님의 법을 순종하는 것에 부족한 것이다.

(3) 둘째 하나님의 법을 순종하는 것에 거역하는 것이다.

3. 죄를 묘사하는 성경의 용어를 보면 '하마르티아'라는 말이 있습니다. 이 말은 표적을 맞추지 못했다는 뜻입니다. 죄를 지었다는 것은 어떤 기준에 미치지 못했다는 말입니다. 죄를 판별하는 기준은 무엇인가요? 소요리문답 3문과 연관해서 대답해 보세요. (신10:13)

⇨ 죄를 판단하는 기준은 단순히 세상이 말하는 도덕이 아니다. 하나님이 요구하시는 것이다. 그것은 성경에 기록되어 있다. 그러기에 죄를 짓지 않기 위해서는 성경을 아는 것이 필요하다.

4. 죄는 두 가지 면에서 생각할 수 있습니다. 소극적인 면과 적극적인 면입니다.

　① 소극적인 면 (레5:17)

⇨ 하지 말라고 하는 것을 하는 것

　② 적극적인 면 (약4:17)

⇨하라고 하는 것을 하지 않는 것

5. 보통 죄라고 하면 소극적인 면만 생각합니다. 성경이 요구하는 적극적인 면에서 생각나는 것이 있으신가요? 나는 그것들을 얼마나 순종하며 살고 있나요?

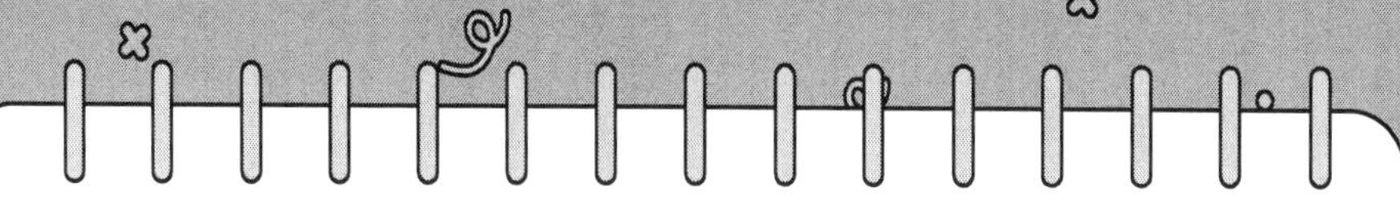

15문: 우리의 첫 조상이 창조된 원래의 상태에서 타락하게 된 죄는 무엇인가요?

15답: 우리의 첫 조상이 창조된 원래 상태에서 타락하게 된 죄는 그들이 금지된 열매를 먹은 것입니다.

문답정리

(1) 우리의 첫 조상이 죄를 지어 창조된 원래의 상태에서 타락했다.

(2) 우리의 첫 조상이 지은 죄는 하나님이 금지하신 열매를 먹은 것이다.

6. 아담의 죄는 선악과를 따 먹은 것입니다. 그깟 열매하나 따 먹은 것이 뭐가 그렇게 큰 죄가 되냐고 할 수 있습니다. 아담의 죄가 심각한 이유는 무엇인가요? (창3:5)

⇨ 하나님과 같아진다는 말은 하나님과 본질적으로 같아진다는 말이 아니다. 동등해지는 것이다. 선악을 아는 일에 동등해진다. 원래 선악의 기준은 하나님이시다. 이제 사람이 스스로 기준이 된다. 피조물이 창조주 하나님을 벗어나 자기 마음대로 살겠다는 것이다.

7. 아담이 죄를 짓는 것을 보면 사람이 죄를 짓게 하는 요소들이 잘 나와 있습니다. 어떤 것들이 있나 살펴보겠습니다. 그 중 나는 어떤 부분에서 약한가요? (창3:6, 요일2:16)

⇨ 먹음직도 하고-육신의 정욕, 보암직도 하고-안목의 정욕, 지혜롭게 할 만큼-이생의 자랑

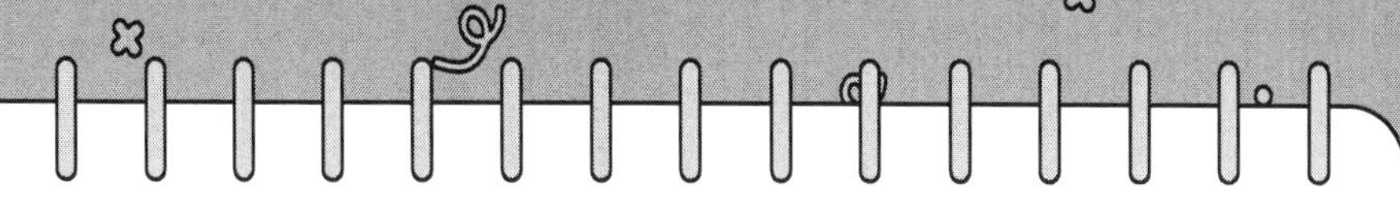

16문: 모든 사람이 아담의 첫 범죄 안에서 타락했나요?

16답: 아담과 맺은 언약은 그만 위한 것이 아니라 그의 후손 까지 위한 것이므로 일반적인 출생으로 난 모든 사람은 그 안에 있어 그의 첫 범죄에 참여하여 그와 함께 타락하였습 니다.

문답정리

(1) 하나님이 아담과 생명의 언약을 맺으실 때 아담의 후손과도 맺으신 것이다.

(2) 모든 사람은 아담 안에 있어 아담의 첫 범죄에 참여하여 아담과 함 께 타락하였다.

(3) 모든 사람이라는 것은 일반적인 방법으로 출생한 사람이다.

8. 아담이 지은 죄가 오늘 나와 어떤 관계가 있나요? (롬5:12)

⇨ 나는 언약 안에서 아담의 죄에 참여했다.

9. 예수님은 일반적인 출생이 아니라 성령으로 잉태되는 특별한 방법으로 출생하셨습니다. 이유가 무엇인가요? (히4:15)

⇨ 예수님은 우리의 죄를 위하여 오셨다. 그러기에 죄가 없으셔야 한다. 예수님이 성령으로 잉태하심으로 아담의 죄의 형벌에서 자유롭게 되셨다.

   하나님에 대하여 믿어야 하는 것

정리

† 이번 과에서 특별히 새로 알게 된 것이나 은혜를 받은 것이 있다면 이야기해 주세요.

† 이번 과를 배우면서 새롭게 결심한 것이 있다면 이야기 해 주세요.

† 암송구절

"12 그러므로 한 사람으로 말미암아 죄가 세상에 들어오고 죄로 말미암아 사망이 들어왔나니 이와 같이 모든 사람이 죄를 지었으므로 사망이 모든 사람에게 이르렀느니라" (롬 5:12)

MEMO

 하나님에 대하여 믿어야 하는 것

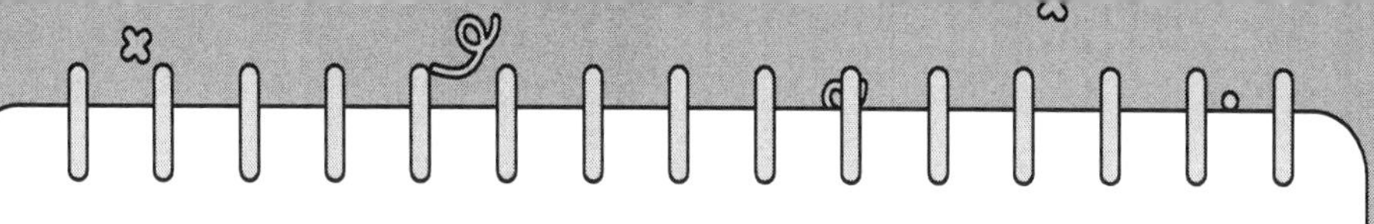

제8과 타락의 결과 (17문-19문)

17문: 이 타락은 인류를 어떠한 상태에 이르게 했나요?

17답: 이 타락은 인류를 죄와 비참한 상태에 이르게 했습니다.

문답정리

(1) 타락한 인류는 두 가지 상태에 이르게 되었다.

(2) 첫째는 죄의 상태이고, 둘째는 비참한 상태이다.

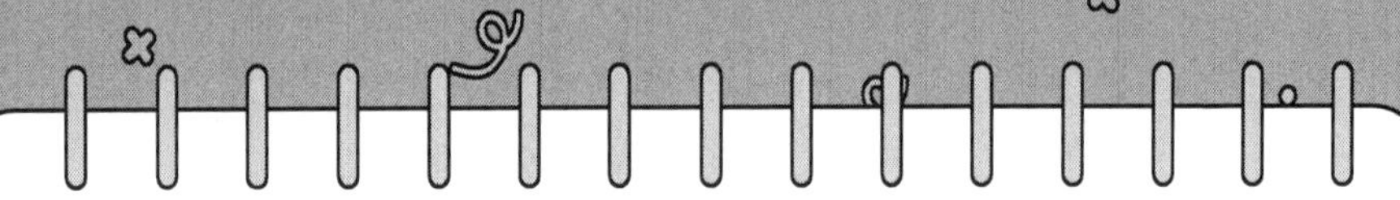

18문: 사람이 타락한 상태에서 죄성은 어떻게 이루어져 있나요?

18답: 사람이 타락한 상태에서 죄성은 아담의 첫 범죄의 죄책과 근본적인 의로움이 결핍된 것과 온 성품이 부패한 것인데, 이것은 보통 원죄라고 불리며 또한 이 원죄에서 나오는 모든 실제적인 범죄들이 있습니다.

문답정리

(1) 타락한 사람은 첫째, 죄의 상태에 이르게 되었다.

(2) 이 죄의 상태는 원죄와 원죄에서 나오는 실제적인 범죄들이 있다.

(3) 원죄는 첫 범죄의 죄책과 근본적인 의로움이 결핍된 것과 온 성품이 부패한 것이다.

1. 우리는 죄를 지으면 거기에 걸 맞는 형벌을 받습니다. 징역형을 살기도 하고 벌금을 내기도 합니다. 아담 안에서 아담과 함께 죄를 지은 모든 사람에게도 죄책이 있습니다. 죄책은 무엇인가요? (롬5:12)

2. 죄의 결과는 죄책으로 끝나지 않습니다. 죄로 인해 사람이 오염이 됩니다. 죄의 오염은 첫 번째 의의 결핍으로 나타납니다. 하나님의 형상으로 창조된 사람은 원래 하나님의 의로움이 있었습니다. 하지만 죄로 인해 근본적인 의는 사라졌습니다. (롬3:10) 그런데 세상에 보면 의로운 행동을 하는 사람들이 있습니다. 자신의 목숨을 버리고 다른 사람의 생명을 구하는 사람들도 있습니다. 이것은 어떻게 봐야 할까요?

⇨ 아무리 의로운 행위를 해도 그 행위를 통해 하나님 앞에서 의로운 존재가 될 수 없다. 죄인이 하는 행동이기 때문이다.

3. 죄는 사람의 온 마음도 오염시킵니다. (렘17:9). 이 말은 우리의 모든 성품이 죄로 인해 오염되었다는 말입니다. 사람의 지식과 감정과 의지는 어떻게 오염되었을까요?

⇨ 지식: 하나님을 알지 못한다. 하나님을 일지 못하니 세상에 대한 올바른 지식이 없어서 세상을 잘못 다스리게 된다.

⇨ 감정: 사랑과 집착을 구분하지 못하는 상태를 생각해보자. 미움, 시기, 질투, 분노와 같은 악한 감정들도 있다.

⇨ 의지: 무엇이 옳은지 잘 알지 못하고, 의로운 행동을 유지하기가 힘들다.

4. 죄에 대한 책임이 아담으로부터 온 것은 분명합니다. 하지만 우리는 우리의 죄에 대해서 핑계할 수 없습니다. 원죄에서 나오는 자범죄가 있기 때문입니다. (마15:19) 요즈음 나를 힘들게 하는 죄의 문제는 무엇인가요?

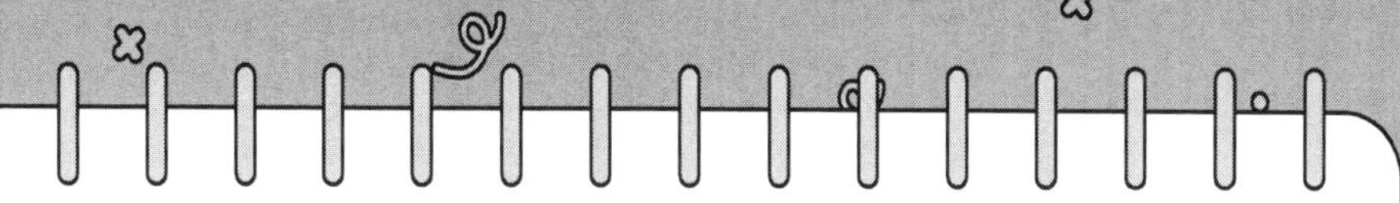

19문: 사람이 타락한 상태에서 비참함은 무엇인가요?

19답: 모든 인류는 그들의 타락으로 인해서 하나님과 교제가 끊어지고, 그 분의 진노와 저주 아래 있으며, 살아서는 모든 비참함과 죽음을 그리고 영원한 지옥의 벌을 받게 되었습니다.

문답정리

(1) 타락한 인류는 둘째 비참한 상태에 이르게 되었다.

(2) 이 비참한 상태는 사람의 죄로 하나님과의 교제가 끊어지는 것에서 비롯된다.

(3) 첫째 하나님의 진노와 저주아래 있다.

(4) 둘째 사는 동안 비참함을 경험한다.

(5) 셋째 죽게 된다.

(6) 넷째 영원한 지옥의 벌을 받는다.

5. 어릴 때 연을 날려보신 적이 있으신가요? 연은 연줄에 매달려 있을 때 자유롭게 하늘을 날 수 있습니다. 줄에서 끊어지면 추락하고 맙니다. 죄로 인해 생긴 가장 심각한 문제는 하나님과의 교제가 끊어졌다는 것입니다. 범죄한 아담을 찾아오신 하나님의 첫 번째 질문은 무엇인가요? 이것은 무엇을 의미하나요? (창3:9-10)

⇨ 하나님은 아담에게 무엇을 했느냐고 묻지 않으신다. 어디에 있냐고 물으신다. 이것은 물리적 장소가 아니다. 아담이 하나님을 피해 숨을 수 없다. 하나님은 지금 아담에게 관계에 대해서 묻고 계신다.

6. 하나님의 형상대로 창조된 사람은 원래 복을 받는 존재였습니다. (창1:28) 하지만 죄를 지은 이후 바뀌게 되었습니다.

  ① 엡2:3

⇨ 진노의 자녀가 되었다.

  ② 갈3:10

⇨ 저주 아래 있게 되었다.

7. 원래 사람은 하나님이 창조하신 세상에서 풍요를 누리면서 사는 존재였습니다. (창2:16) 하지만 죄를 지은 이후 바뀌게 되었습니다. (전2:22-23)

8. 아무리 이 땅에서 부자로 권력을 가지고 행복하게 살더라도 거기에는 한계가 있습니다. 죽음이 있기 때문입니다. 죽음 역시 사람의 죄로 인한 형벌입니다. 하나님은 아담에게 무엇이라고 하시나요? (창3:19)

9. 신화에 보면 시지프스라는 사람이 신의 벌을 받게 됩니다. 벌의 내용은 무거운 바위를 산 꼭대기로 올리는 것입니다. 이 벌이 무서운 것은 한 번으로 끝나지 않는 것에 있습니다. 꼭대기로 바위를 올리면 바위는 다시 밑으로 굴러 떨어집니다. 그러면 다시 이 바위를 산 꼭대기에 올려야 합니다. 끝이 없이 영원히 계속되는 형벌입니다. 죄를 지은 사람은 죽음으로 모든 것이 끝나지 않습니다. 성경은 무엇이라고 말씀하나요? (마25:41,46)

10. 인터넷에 보면 연예인들의 before, after 사진을 쉽게 볼 수 있습니다. 성형 전 사진과 성형 후 사진입니다. 인류도 before와 after로 구분할 수 있습니다. 죄를 짓기 전과 죄를 지은 다음입니다. 인류의 before와 after는 어떻게 다른가요? 오늘 배운 말씀을 정리해서 이야기해보세요.

11. 죄를 지은 인류에게는 또 다른 before와 after가 기다리고 있습니다. 다음 과부터 이것을 자세하게 배우게 될 것입니다. 지금은 한 번 살짝 맛만 보겠습니다 (엡2:12-13)

　　　　하나님에 대하여 믿어야 하는 것

정리

† 이번 과에서 특별히 새로 알게 된 것이나 은혜를 받은 것이 있다면 이야기해 주세요.

† 이번 과를 배우면서 새롭게 결심한 것이 있다면 이야기 해 주세요.

† 암송구절

"10 나 여호와는 심장을 살피며 폐부를 시험하고 각각 그의 행위와 그의 행실대로 보응하나니" (렘17:10)

MEMO

 하나님에 대하여 믿어야 하는 것

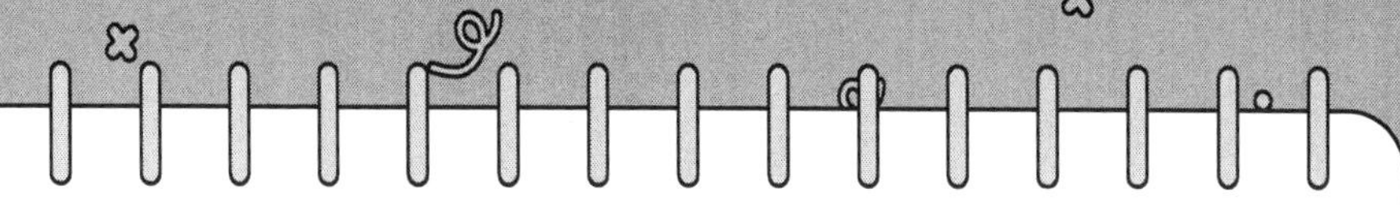

제9과 구원자 그리스도(20-22문)

20문: 하나님은 모든 인류를 죄와 비참한 상태에서 멸망하게 내버려 두셨나요?

20답: 하나님은 자신의 순전하고 기뻐하시는 뜻대로 영원 전부터 어떤 사람들을 영생 위하여 선택하시고 은혜의 언약을 세우셔서 구속자로 말미암아 저희를 죄와 비참한 상태에서 건져내시고 구원의 상태에 이르게 하셨습니다.

문답정리

(1) 하나님은 모든 인류를 죄와 비참한 상태에서 멸망하게 내버려 두지 않으셨다.

(2) 하나님은 어떤 사람들을 영생을 얻게 하려고 선택하셨다.

(3) 하나님의 선택은 하나님의 순전하고 기뻐하시는 뜻이었다.

(4) 이 선택은 영원 전에 이루어졌다.

(5) 하나님은 선택하신 자들과 은혜의 언약을 세우셨다.

(6) 언약의 목적은 죄와 비참한 상태에서 건져내어 구원의 상태로 이르게하기 위함이다.

(7) 이 일은 구속자를 통해서 가능하다.

1. 반드시 죽어야 하는 사람의 운명 앞에서 구원은 중요한 문제였습니다. 해탈이라고 부르건 득도라고 부르건 사람은 자신이 처한 절망적인 상황에서 벗어나기 위해서 여러 가지 노력을 했습니다. 어떤 것들이 있나요? 성경은 무엇이라고 말씀하시나요? (고전1:20-21)

⇨ 사람들은 다양한 방법으로 스스로 구원을 이루려고 했다. 고행이나 명상이나, 깊은 지식 등을 추구했다. 이런 세상의 지혜로는 하나님을 알 수 없다. 구원을 받을 수 없다.

2. 하나님은 사람을 죄와 비참한 상태에 그냥 두지 않으시고 선택하셔서 영원한 삶을 주셨습니다. 이것은 다른 누구에게도 영향 받지 않는 하나님의 뜻이었습니다. 성경은 무엇이라고 말씀하나요? (엡1:5)

⇨ 오직 하나님의 뜻이다. 구원은 전적인 하나님의 의지이다. 이 의지를 누구 막을 수 있는가?

3. 하나님의 선택은 영원 전에 이루어졌습니다. 이 말은 이해하기 쉽지 않습니다. 그래서 여러 가지 논쟁들도 많습니다. 하지만 이 말이 우리에게 어떤 의미가 있는지는 분명합니다. 하나님

　　하나님에 대하여 믿어야 하는 것

이 우리를 영원 전에 선택하셨다는 것은 어떤 의미가 있나요? (엡 1:4, 딤후1:9)

⇨ 영원 전, 창세전에 선택하셨다면 우리의 행위가 구원에 고려될 여지가 전혀 없다. 우리의 구원은 오직 하나님의 은혜이다.

4. 원래 계약이라는 것은 양쪽에 요구하는 것이 있습니다. 그런데 하나님이 사람과 맺은 언약은 은혜언약입니다. 이것이 무엇을 의미하는지 하나님과 아브라함이 언약을 맺는 장면을 통해 한 번 생각해보겠습니다.

  ① 언약의 내용은 무엇인가요? (창15:18-21)

  ② 언약의 방법은 무엇인가요? (창15:9-10)

⇨ 고대 근동에서 많이 사용하는 계약 체결식이다. 짐승을 쪼개서 그 사이를 계약 당사자가 함께 지나간다. 그 의미는 누구든지 이 약속을 깨면 쪼개진 짐승과 같이 죽는다는 것이다.

  ③ 쪼갠 고기사이로 누가 지나가나요? (창15:17)

⇨ 여기서 횃불은 하나님의 임재를 상징한다. 하나님만 쪼갠 고기 사이로 지나갔다. 하나님이 일방적으로 이 약속을 지킬 것이라는 것을 보여준다. 쌍방 언약이 아닌 하나님의 은혜 언약이다.

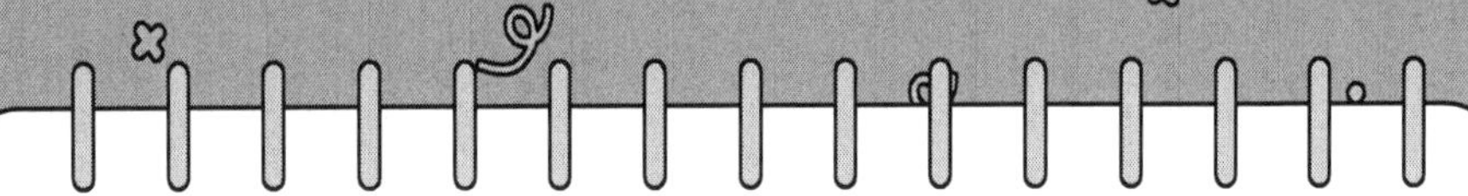

21문: 하나님이 선택하신 자들의 구속자는 누구인가요?

21답: 하나님이 선택하신 자들의 유일한 구속자는 주 예수 그리스도뿐이신데 그는 하나님의 영원한 아들로서 사람이 되셨고, 앞으로도 영원히 하나님과 사람이신, 한 위격에 구별된 두 가지 본성을 가지신 분입니다.

문답정리

(1) 하나님은 죄와 비참한 상태에 있는 사람들을 선택하셨다.

(2) 이 선택한 사람들의 유일한 구속자는 예수님이시다.

(3) 예수님은 하나님의 영원한 아들이시다.

(4) 동시에 사람이시다.

(5) 정리하면 예수님은 영원히 하나님과 사람이시다.

(6) 한 위격에 구별된 두 가지 본성을 가지셨다.

5. 하나님은 예수님을 통해 인간을 죄와 비참한 상태에서 구원하셨습니다. 이 예수님은 하나님의 아들이십니다. (마3:17) 예수님이 하나님의 아들이라는 것은 어떤 의미가 있나요? (요10:30-33)
⇨ 예수님이 하나님을 아버지라 부르고 있다. 그러자 유대인들이 예수님에게 스스로 하나님이라고 한다고 말하고 있다. 사람의 아들은 사람이다. 하나님의 아들은 하나님이다.

6. 예수님은 참 하나님이시지만 동시에 참 사람이셨습니다. 성탄절에 많이 하는 찬송가 122장 '참 반가운 성도여' 4절에 보면 이런 가사가 있습니다. '여호와의 말씀이 육신을 입어' 이 가사는 어떤 느낌을 주나요? 성경은 무엇이라고 말씀하나요? (요1:14)
⇨ '육신을 입어'라고 하면 진짜 사람이 아닌데 사람의 탈을 쓰고 사람인척 하는 느낌이 있다. 예수님은 이 땅에 오셔서 사람 흉내를 내신 것이 아니다. 진짜 사람이 되셨다.

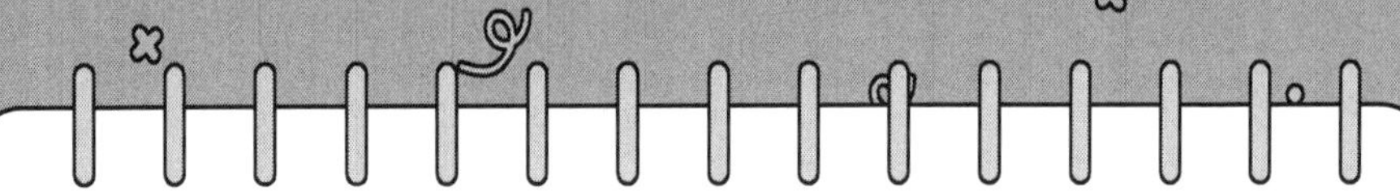

22문: 그리스도께서는 하나님의 아들이신데 어떻게 사람이 되셨나요?

22답: 하나님의 아들 그리스도께서 참 몸과 이성이 있는 영혼을 취하셔서 성령의 권능으로 동정녀 마리아에게 잉태되어 출생하여 사람이 되셨으나 죄는 없으십니다.

문답정리

(1) 예수님은 하나님의 아들이신데 사람이 되셨다.

(2) 예수님은 참 몸과 이성이 있는 영혼을 취하셨다.

(3) 성령의 권능으로 동정녀 마리아에게 잉태되어 출생하셨다.

(4) 하지만 죄는 없으시다.

7. 예수님은 참 사람으로 이 땅에 오셨습니다. 예수님의 출생부터 죽음까지를 생각해보겠습니다.

 ① 출생 (눅2:1-7)

⇨ 실제 역사의 현장에서 사람과 같이 잉태되어 출생하셨다.

 ② 성장 (눅2:52)

⇨ 사람과 같은 성장과정을 거치셨다.

 ③ 배고픔 (마4:2)

 ④ 죽음 (마27:50)

8. 예수님은 사람인척 하신 분이 아니라 참 사람이셨습니다. 모든 면에서 사람들과 똑같았습니다. (요1:14). 하지만 한 가지 보통 사람들과 다른 것이 있었습니다. 무엇인가요? (히4:15)

⇨ 죄는 없으셨다. 예수님이 죄가 없다는 것은 아담으로 인한 원죄와 스스로 짓는 자범죄 모두 없다는 것이다.

9. 우리는 이미 하나님의 속성에 대해서 공부했습니다. 하나님은 시간과 공간에 자유로우신 분이십니다. 공간적으로는 편재하시고, 시간적으로는 영원하신 분이십니다. 그렇다면 예수님이 사람이 되셨다는 것은 어떤 의미인가요?

⇨ 예수님이 사람이 되어 공간과 시간에 제한되셨다. 하나님이 자신의 본성을 스스로 포기하신 것이다.

10. 예수님이 참 하나님이시고 동시에 참 사람이라는 교리는 이해하기가 어렵습니다. 우리가 경험할 수 없는 일이기 때문입니다. 하지만 예수님이 구원자가 되기 위해서는 반드시 참 하나님이시고 동시에 참 사람이셔야 합니다. 이유가 뭘까요?

⇨ 사람의 죄에 대한 형벌은 사람이 받아야 한다. 예수님은 참 사람이셔야 한다. 그런데 사람 스스로는 이 엄청난 형벌을 감당할 수 없다. 오직 하나님이신 예수님이 이 형벌을 감당할 수 있다.

정리

1. 이번 과에서 특별히 새로 알게 된 것이나 은혜를 받은 것이 있다면 이야기해 주세요.

2. 이번 과를 배우면서 새롭게 결심한 것이 있다면 이야기 해 주세요.

3. 암송구절

"14 말씀이 육신이 되어 우리 가운데 거하시매 우리가 그의 영광을 보니 아버지의 독생자의 영광이요 은혜와 진리가 충만하더라" (요1:14)

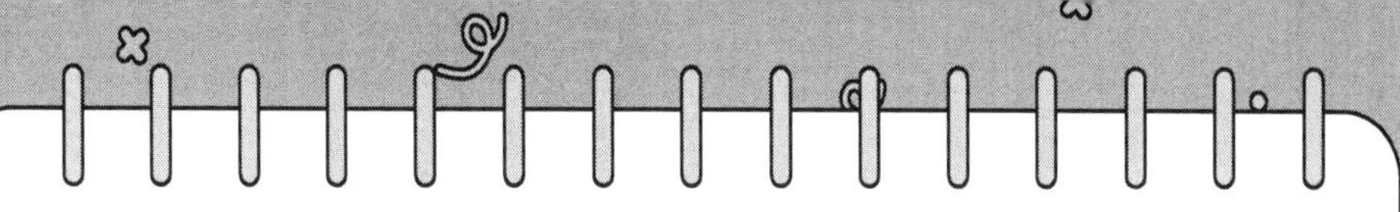

제10과 그리스도의 직분(23-26문)

23문: 그리스도께서 우리의 구속자로 무슨 일을 행하시나요?

23답: 그리스도께서 우리의 구속자로 낮아지시고 높아지신 상태에서 선지자와 제사장과 왕의 직분을 행하십니다.

문답정리

(1) 그리스도는 우리의 구속자가 되신다.

(2) 그리스도는 구속자가 되시기 위해 일생동안 그 지위가 낮아지셨고 다시 높아지셨다

(3) 이런 상태에서 선지자와 제사장과 왕의 직분을 행하셨다.

예수님에 대해서 알기 위해서는 두 가지를 알아야 합니다. 첫째 예수님은 어떤 분이신가, 둘째 예수님은 어떤 일을 하셨는가 입니다. 앞에서는 예수님은 어떤 분이신가를 보았습니다. 예수님은 우리의 구원자이십니다. 사람이 되어 이 땅에 오신 참 하나님이십니다.

예수님이 어떤 분인지 알았으면 예수님이 어떤 일을 하셨는지를 알아야 합니다. 소요리문답은 이것을 예수님의 지위와 직분으로 설명합니다.

하나님에 대하여 믿어야 하는 것

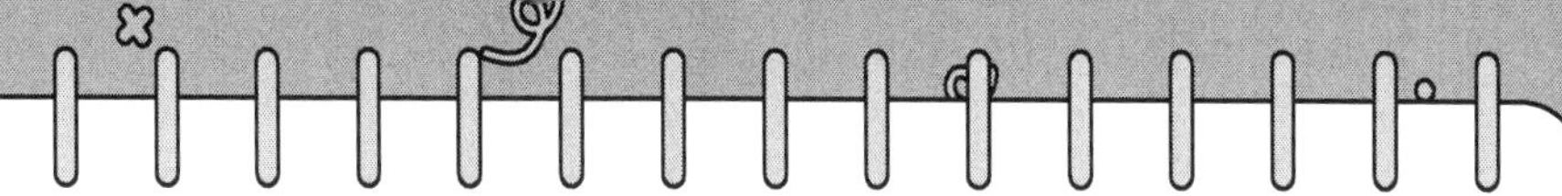

24문. 그리스도께서 어떻게 선지자의 직분을 행하시나요?

24답: 그리스도께서 선지자의 직분을 행하시는 것은 우리의 구원을 위한 하나님의 뜻을 그의 말씀과 영으로 우리에게 나타내시는 것입니다.

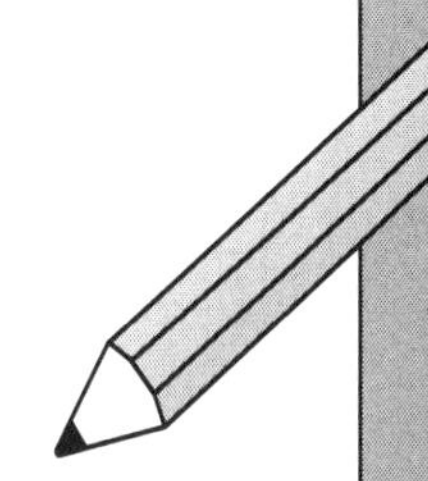

문답정리

(1) 그리스도는 선지자의 직분을 행하셨다

(2) 선지자 직분을 통해 우리를 구원하시는 하나님의 뜻을 나타내셨다.

(3) 이것은 예수님의 말씀과 성령으로 하신 일이다.

1. 교회에서 자주 사용하는 말 중에 '예수 그리스도'라는 말이 있습니다. 자주 사용하기는 하는데 그 의미를 물어보면 명확하게 알지 못하는 경우가 많습니다. '예수 그리스도'라는 말은 어떤 의미인가요? (요20:31, 행5:42)

⇨ 예수님이 그리스도라는 뜻이다. 그리스도는 기름 부음을 받은 자라는 의미이다. 구약의 메시아와 같다. 구약에서 선지자와 제사장과 왕을 세울 때 기름을 부었다. 예수님은 이 3가지 직분을 가지고 이 땅에 오신 메시아라는 의미이다.

2. 예수님의 선지자 직분에 대해서 성경은 어떻게 말씀하나요? (행3:20-22, 신18:18)

⇨ 예수님은 구약에서 오시리라고 예언한 선지자이시다.

3. 구약시대 선지자들은 어떤 사람들이었나요? (슥1:1)

⇨ 선지자는 단순하게 미래를 예언하는 점쟁이가 아니다. 하나님의 말씀을 전해주는 사람들이다.

       하나님에 대하여 믿어야 하는 것

4. 예수님도 선지자 직분 수행하셨습니다. 하지만 구약의 선지자
와 달랐습니다. 어떤 면에서 다르신가요? (요1:1)

⇨ 구약의 선지자가 하나님의 말씀을 이스라엘 백성들에게 전하
는 자였다면 하나님이신 예수님은 직접 말씀을 가르치셨다. 또
구약의 선지자들은 예수님이 오실 것을 예언했다. 예수님은 그
예언을 성취하신 분이다.

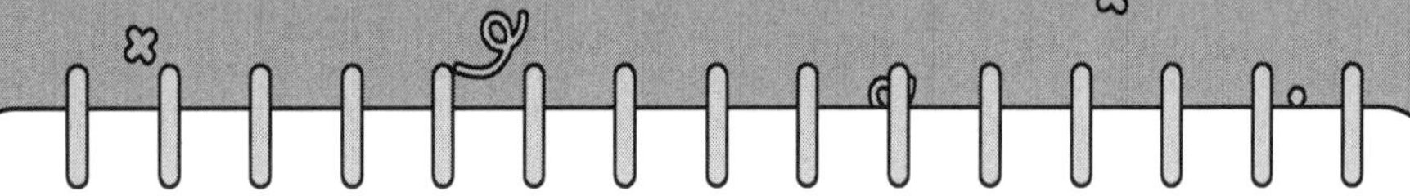

25문: 그리스도께서 어떻게 제사장의 직분을 행하시나요?

25답: 그리스도께서 제사장의 직분을 행하시는 것은 단번에 자기를 희생제물로 드려 하나님의 공의를 만족시키시며 우리를 하나님과 화해시키고 또 우리를 위하여 계속 기도해 주시는 것입니다.

문답정리

(1) 그리스도께서는 제사장의 직분을 행하셨다.

(2) 제사장으로 그리스도는 단번에 자신을 희생제물로 드리셨다.

(3) 이 일을 통해 첫째 하나님의 공의를 만족시키신다.

(4) 둘째 우리를 하나님과 화해하게 하신다.

(5) 셋째 우리를 위해 계속 기도하신다.

5. 예수님의 제사장직분에 대하여 성경은 어떻게 말씀하나요?
(히3:1)

6. 구약시대 제사장들은 어떤 사람들이었나요? (레9:7)
⇨ 백성들을 위하여 제사를 드려 백성의 죄를 속죄 했던 사람들
이다.

7. 구약시대 제사장과 예수님의 제사장직 수행에는 큰 차이가 있
습니다. 무엇인가요? (히9:12, 요일4:10)
⇨ 구약시대 제사장은 제사장과 제물이 분리되었다. 하지만 예수
님은 자신 스스로 제물이 되시는 제사장이셨다.

8. 제사장으로 예수님의 사역은 지상에서 끝나지 않았습니다. 지
금은 무엇을 하시나요? (롬8:34)

9. 시골에서 가축 잡는 것을 직접 본 일이 있으신가요? 교회에서 쉽게 예수님이 우리를 위한 희생제물이 되셨다는 말을 사용합니다. 그런데 우리의 희생제물이 되신 예수님은 하나님에게 어떤 존재인가요? (마3:17)

⇨ 짐승을 죽이는 것은 끔찍한 일이다. 제사는 짐승을 죽일 때 나는 비명소리, 피 내음이 가득 찬 현장이다. 이렇게 끔직 하게 죽어간 예수님은 바로 하나님이 사랑하고 기뻐하시는 하나 뿐인 아들이었다.

 하나님에 대하여 믿어야 하는 것

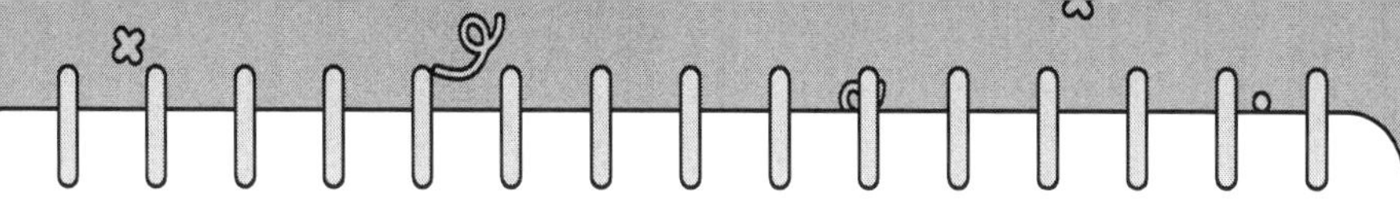

26문: 그리스도께서 어떻게 왕의 직분을 행하시나요?

26답: 그리스도께서 왕의 직분을 행하시는 것은 우리를 자기에게 복종하게 하시고 우리를 다스리시며 보호하시고 자기와 및 우리의 모든 원수를 막아 정복하시는 것입니다.

문답정리

(1) 그리스도께서는 왕의 직분을 행하셨다

(2) 왕의 직분을 행하시는 것은 첫째 우리를 예수님께 복종하게 하시는 것이다.

(3) 둘째 우리를 다스리시며 보호하는 것이다.

(4) 셋째 예수님과 우리의 원수를 막아 정복하시는 것이다.

10. 예수님의 왕 직분에 대하여 성경은 어떻게 말씀하나요? (요 17:2)

11. 구약시대에도 기름부음을 받아 다스렸던 왕이 있었습니다. 이런 왕들과 왕 되신 예수님은 어떤 차이가 있나요? (요1:1-3)
⇨ 예수님의 왕 되심은 창조자의 마땅한 권리이다.

12. 역사를 보면 백성들을 억압했던 왕들이 많았습니다. 지금도 국민들을 압제하는 독재자들이 많습니다. 이들과 달리 예수님은 어떤 왕이신가요? (사32:1-2, 시편121:1-8)
⇨ 예수님의 통치는 공의와 정의의 통치이시다. 우리를 보호하시며 지켜주신다.

13. 한 나라의 대통령이 누가되느냐는 아주 중요합니다. 하지만 예수님이 왕이 되시는 것은 더욱 중요합니다. 예수님이 나의 왕이 되신다는 것은 어떤 의미가 있나요?
⇨ 예수님이 바로 나의 왕이시다. 그렇다면 나는 왕되신 예수님의 뜻대로 살아야 한다. 이 예수님은 나를 지켜주시고 모든 대적에서 보호해주신다.

   하나님에 대하여 믿어야 하는 것

정리

† 이번 과에서 특별히 새로 알게 된 것이나 은혜를 받은 것이 있다면 이야기해 주세요.

† 이번 과를 배우면서 새롭게 결심한 것이 있다면 이야기 해 주세요.

† 암송구절

"10 사랑은 여기 있으니 우리가 하나님을 사랑한 것이 아니요 하나님이 우리를 사랑하사 우리 죄를 속하기 위하여 화목제물로 그 아들을 보내셨음이라" (요일4:10)

MEMO

 하나님에 대하여 믿어야 하는 것

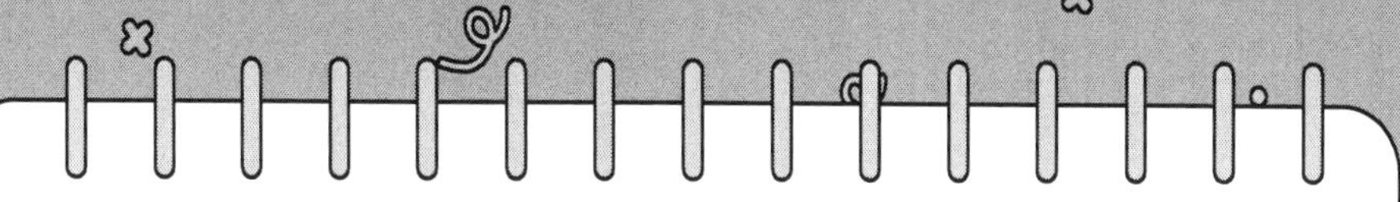

제11과 그리스도의 지위 (27-28문)

27문: 그리스도의 낮아지심은 어떤 것인가요?

27답: 그리스도의 낮아지심은 낮은 신분으로 태어나셔서 율법 아래 복종하시고, 이생의 여러 비참함과 하나님의 진노와 십자가에서 저주의 죽음을 겪으신 것과 장사되어 얼마 동안 죽음의 권세 아래 계신 것입니다.

문답정리

(1) 그리스도는 이 땅에서 낮아지셨다.

(2) 낮은 신분으로 출생하셨다.

(3) 율법 아래 복종하셨다.

(4) 이 땅에서 비참함을 겪으셨다.

(5) 하나님의 진노와 십자가의 저주의 죽음을 받으셨다.

(6) 장사되어 얼마 동안 죽음의 권세 아래 계셨다.

1. 예수님의 낮아지심이 어떤 의미인지를 이해하려면 먼저 예수님은 누구이신가를 다시 한 번 생각해봐야 합니다. 예수님은 누구신가요? (요1:1-3)

2. '성육신'이라는 단어를 한 번 생각해보겠습니다. 이 말도 교회에서 오해를 많이 하는 단어 중 하나입니다. '성육신'은 어떤 뜻인가요? (요1:14)

3. 예수님은 만왕의 왕으로 이 땅에 오셨습니다. 하지만 예수님의 출생은 왕의 탄생으로는 도저히 볼 수 없는 초라한 모습이었습니다. 어떤 모습으로 태어나셨나요? (눅2:7)

4. 예수님은 하나님의 진노와 저주 아래 계셨습니다. 성경은 이것에 대하여 무엇이라고 말씀하나요? (갈3:13, 참고 신21:23)
⇨ 신명기에 나무에 달린 자는 저주 아래 있는 자라는 말씀이 있다. 예수님도 나무에 달려 죽으셨다. 예수님의 죽음은 하나님의 저주 아래 있는 죽음이었다.

5. 해마다 고난 주간이 되면 예수님의 십자가의 고통을 묵상합니다. 그런데 십자가의 고통을 묵상할 때 육체적 고통에만 초점을 맞추는 경우가 있습니다. 십자가는 왜 예수님에게 끔찍한 고통이었을까요? (마27:46)

⇨ 아들이신 예수님이 아버지 하나님의 버림을 받은 사건이다.

6. 예수님이 이렇게 낮아지심으로 고통을 당하신 목적은 무엇인가요? (갈3:13)

7. 예수님의 낮아지심과 십자가의 죽음이 우리에게 요구하는 삶의 태도가 있습니다. 어떤 삶의 태도를 요구하나요?

  ① 빌2:5-8

⇨ 예수님은 우리의 낮아짐의 모델이 되신다. 우리도 예수님과 같이 낮아져서 다른 사람을 섬겨야 한다.

  ② 고후5:15

⇨ 이제 우리가 나를 위하여 사는 것이 아니라 나를 대신하여 죽었다 다시 사신 예수님을 위해 살아야 한다.

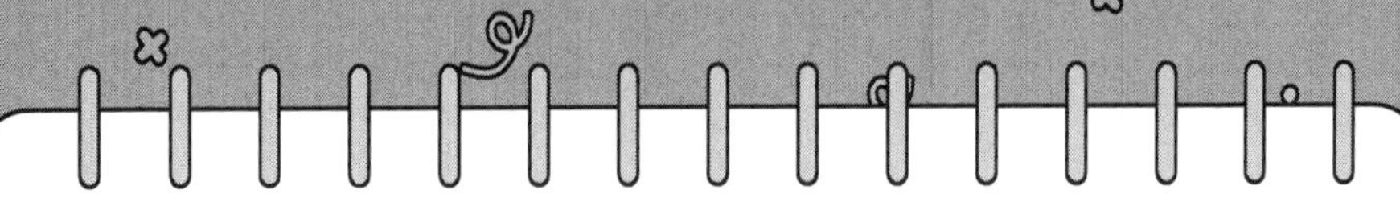

28문: 그리스도의 높아지심은 어떤 것인가요?

28답: 그리스도의 높아지심은 사흘 만에 죽음 가운데서 살아나신 것과 하늘로 올라가신 것과 하나님 아버지의 우편에 앉아 계신 것과 마지막 날에 세상을 심판하러 오시는 것입니다.

문답정리

(1) 낮아지신 예수님은 다시 높아지셨다.

(2) 사흘 만에 죽음 가운데서 살아나셨다.

(3) 하늘로 올라가셨다.

(4) 지금은 하나님의 우편에 앉아 계신다.

(5) 마지막 날 세상을 심판하러 오신다.

8. 십자가의 죽음이 예수님의 구원사역의 마지막이 아니었습니다. 예수님은 죽은 지 삼일 만에 부활하셨습니다. 예수님의 부활은 우리에게 어떤 의미가 있나요? (고전15:20)

⇨ 예수님의 부활을 보면서 우리도 예수님이 재림하실 때 예수님과 같이 부활할 것을 안다.

9. 부활하신 예수님은 승천하셔서 지금은 하나님의 우편에 앉아 계십니다. 예수님이 우편에 앉아 계시다는 것은 어떤 의미인가요? (엡1:20-22)

⇨ 보좌의 우편은 존귀한 자리이다. 또 앉아 있다는 것은 통치를 의미한다. 예수님이 존귀한 자가 되어 지금도 이 땅을 통치하신다.

10. 처음 이 땅에 오신 예수님은 구원자로 오셨습니다. 마지막 날에 다시 오시는 예수님은 어떤 목적으로 오시나요? (마16:27)

11. 종말론적인 신앙이라는 말이 있습니다. 이 말은 우리에게 어떤 신앙의 자세를 요구하나요? 나는 지금 그렇게 살고 있나요? (막13:32-33, 계22:20)

⇨ 예수님이 언제 다시 오실지 아무도 모른다. 당장 오늘이라도 예수님이 오실 수 있다. 이것을 알고 깨어 준비하며 살아야 한다.

정리

† 이번 과에서 특별히 새로 알게 된 것이나 은혜를 받은 것이 있다면 이야기해 주세요.

† 이번 과를 배우면서 새롭게 결심한 것이 있다면 이야기 해 주세요.

† 암송구절

"5 너희 안에 이 마음을 품으라 곧 그리스도 예수의 마음이니 6 그는 근본 하나님의 본체시나 하나님과 동등됨을 취할 것으로 여기지 아니하시고 7 오히려 자기를 비워 종의 형체를 가지사 사람들과 같이 되셨고 8 사람의 모양으로 나타나사 자기를 낮추시고 죽기까지 복종하셨으니 곧 십자가에 죽으심이라" (빌2:5-8)

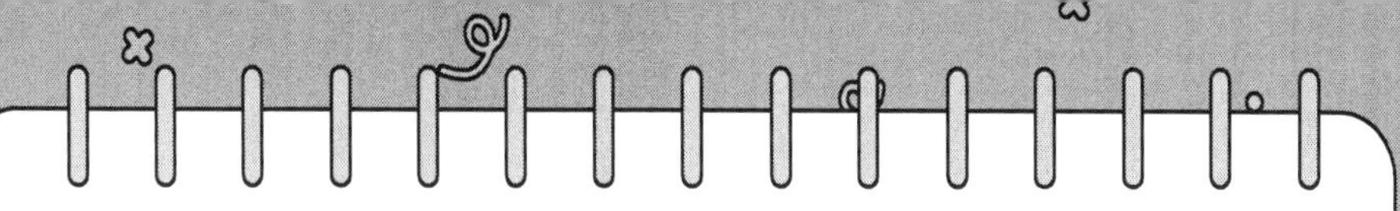

제12과 구원의 참여 (29-31문)

29문: 우리가 어떻게 그리스도가 사신 구속에 참여하는 사람이 되나요?

29답: 그리스도의 성령께서 그 구속을 우리에게 효력 있게 적용하여 주심으로 우리는 그리스도가 사신 구속에 참여하는 사람이 됩니다.

문답정리

(1) 예수님이 우리 구원의 값을 치루셨다.

(2) 우리는 그 구원에 참여할 수 있다.

(3) 우리가 구원에 참여하게 하시는 분은 성령이시다.

(4) 성령은 우리의 구원을 효과 있게 적용하시는 분이시다.

1. 사람들은 다양한 이유로 처음 교회에 나옵니다. 부모님이 믿어서 어릴 때부터 교회에 나온 사람도 있고, 친구나 이웃의 전도로 교회에 나오게 된 사람도 있습니다. 처음 어떻게 교회에 나오게 되었나요?

2. 예수님은 2천 년 전에 저 멀리 있는 예루살렘에서 십자가에서 죽으심으로 우리의 구원을 이루셨습니다. 예수님이 이루신 구원을 오늘날 나와 상관있는 일로 만드시는 분이 성령이십니다. 우리의 구원을 위해 삼위 하나님께서 어떻게 일하셨는지를 한 번 살펴보겠습니다.

  ① 성부 하나님의 사역 (엡1:4)
⇨ 성부 하나님은 창세 전에 구원을 계획하셨다.

  ② 성자 예수님의 사역 (엡1:7)
⇨ 성자 예수님은 성부 하나님의 계획을 십자가에서 실행하셨다.

  ③ 성령 하나님의 사역 (엡1:13, 고전 12:3)
⇨ 성령 하나님은 예수님이 실행하신 구원을 우리에게 적용하셨다.

 하나님에 대하여 믿어야 하는 것

3. 앞에서 이야기를 나눈 것과 같이 다양한 이유로 처음 교회에 나오게 되었습니다. 이 사실과 삼위 하나님이 구원을 위해 일하시는 것을 함께 생각해보겠습니다. 내가 지금 교회에 다니고 예수님을 믿는 것이 얼마나 엄청난 일인가요?

⇒ 내가 지금 교회에 나와 예수님을 믿는 것은 그냥 여러가지 이유 때문이 아니다. 창세전 부터 시작된 삼위 하나님의 구원 사역 때문이다.

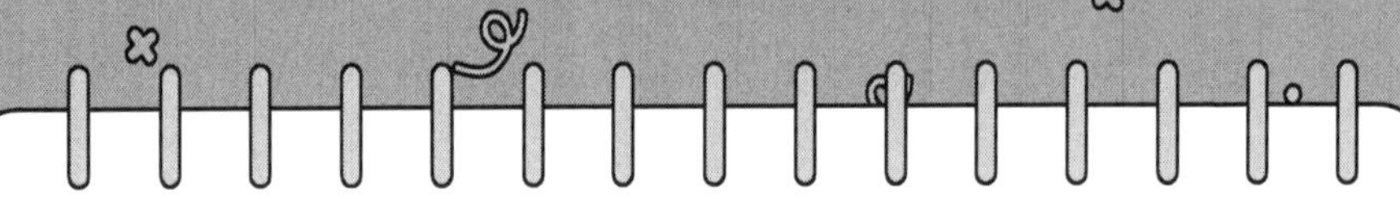

30문: 그리스도가 사신 구속을 성령께서 우리에게 어떻게 적용하시나요?

30답: 성령께서는 우리를 효력 있는 부르심으로 부르셔서 우리 안에 믿음을 일으켜 주시고, 믿음을 통해 그리스도와 연합하게 하심으로 그리스도가 사신 구속을 우리에게 적용하여 주십니다.

문답정리

(1) 성령께서는 구원을 적용하신다.

(2) 성령께서는 구원을 적용하기 위해서 효력 있게 부르신다.

(3) 효력 있게 부르셔서 우리의 믿음을 일으키신다.

(4) 그 결과 우리는 그리스도와 연합하게 된다.

4. '이신칭의'라는 말이 있습니다. 아주 중요한 말입니다. '오직 믿음으로 의롭게 된다'는 의미입니다. 구원은 인간의 행위가 아니라 오직 믿음을 통해서 받을 수 있습니다. 왜 인간의 행위가 구원의 조건이 될 수 없나요? (엡2:1)

⇨ 우리는 죽을 뻔했던 자들이 아니라 이미 죽은 자들이었다. 죽은 자들이 어떤 행위도 할 수 없다.

5. 믿음으로 구원을 받는다는 말은 나의 믿는다는 '행위'를 통해서 구원을 받는다는 말인가요? 믿음으로 구원을 받는다는 것은 어떤 의미인가요? (엡2:8-9)

⇨ 이미 죽은 사람은 믿는다는 행위조차 할 수 없다. 그래서 '그 은혜에 의하여'가 나온다. 구원은 오직 하나님의 은혜이다. 이 사실을 깨닫게 되는 것은 사람이 믿는 순간이다. 은혜로 받은 구원을 믿음으로 말미암아 알게 된다.

6. 믿음으로 구원을 받은 사람들은 예수님과 연합하게 됩니다. 성경은 이 연합을 여러 가지 비유를 통해 설명합니다. 이 비유들의 공통점은 무엇인가요?

 ① 요15:5

 ② 고전12:27

⇨ 가지가 나무에서, 지체가 몸에서 떨어지면 죽는다. 예수님과 연합하는 것이 생명의 길이고 예수님과 떨어지는 것은 사망의 길이다.

7. 신앙생활을 하다보면 우리의 신앙을 위협하는 많은 유혹들과 고난들이 있습니다. 또 신앙이 약해질 때는 내가 정말 구원을 받은 것인가 의심이 들 때도 있습니다. 이럴 때 무엇을 기억해야 하나요? (롬8:38-39)

⇨ 구원의 조건이 내게 있다면 불안할 수 있다. 하지만 구원은 전적인 하나님의 은혜다. 하나님이 하신 일이다. 예수님 안에서 나타난 하나님의 사랑을 끊을 수 있는 것은 세상 어떤 것도 없다.

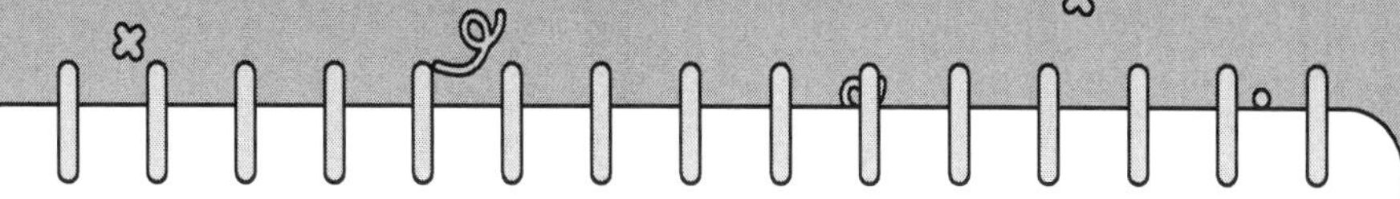

31문: 효력 있는 부르심은 무엇인가요?

31답: 효력 있는 부르심은 하나님의 영이 하시는 일로서, 우리의 죄와 비참함을 깨닫게 하시고, 우리의 마음을 밝게 하여 그리스도를 알게 하시고, 우리의 의지를 새롭게 하여 우리가 복음 안에서 값없이 주시는 예수 그리스도를 받아드릴 수 있도록 우리를 설득하시는 것입니다.

문답정리

(1) 성령은 우리의 구원을 위해서 효력 있게 부르신다.

(2) 이 효력 있는 부르심을 통해 첫째 죄와 비참함을 깨닫게 하신다.

(3) 둘째 우리의 마음이 밝아져 그리스도를 알게 하신다.

(4) 셋째 우리의 의지를 새롭게 하신다.

(5) 넷째 우리를 설득하여 예수님을 받아드릴 수 있도록 하신다

8. 거리에서 복음을 전하거나, 친구들에게 복음을 전한 적이 있으신가요? 그 때 어떠했는지 자신의 경험을 한 번 이야기해주세요. 어떤 사람은 복음에 반응해서 예수님을 믿는 사람이 있지만 복음을 거부하는 사람도 있습니다. 이유가 무엇인가요? (마22:14)

⇨ 우리가 복음을 전하는 것은 사람들을 구원으로 부르는 것이다. 우리의 부름은 성령과는 달리 효력 있는 부름이 아니다. 우리의 부름을 듣는 사람들 중에 정말 택함을 받은 자들은 적다. 그렇다고 의미가 없는 것은 아니다. 성령께서 우리의 전도를 통해 효력있게 부르신다.

9. 사람의 인격은 보통 지정의로 구성되어 있다고 말합니다. 성령의 효력 있는 부르심은 지정의에 각각 어떻게 작용하나요?

 ① 감정 (행2:37)

⇨ 우리 자신의 죄의 모습을 보고 아파하고 슬퍼하는 마음이 생긴다.

 ② 지식 (고전2:12)

⇨ 우리 마음이 밝아져 예수님을 알게 된다.

③ 의지 (살후3:5)

⇨ 우리의 마음을 인도하여 예수님을 믿도록 하신다.

10. 교회를 처음 나오게 된 때와 예수님을 진심으로 믿고 영접하
게 된 때는 다른 경우가 많습니다. 예수님을 진심으로 믿고 영접
하게 되었던 때를 기억하시나요? 그 때 일을 이야기 해주세요!

정리

† 이번 과에서 특별히 새로 알게 된 것이나 은혜를 받은 것이 있다면 이야기해 주세요.

† 이번 과를 배우면서 새롭게 결심한 것이 있다면 이야기 해 주세요.

† 암송구절

"38 내가 확신하노니 사망이나 생명이나 천사들이나 권세자들이나 현재 일이나 장래 일이나 능력이나 39 높음이나 깊음이나 다른 어떤 피조물이라도 우리를 우리 주 그리스도 예수 안에 있는 하나님의 사랑에서 끊을 수 없으리라" (롬8:38-39)

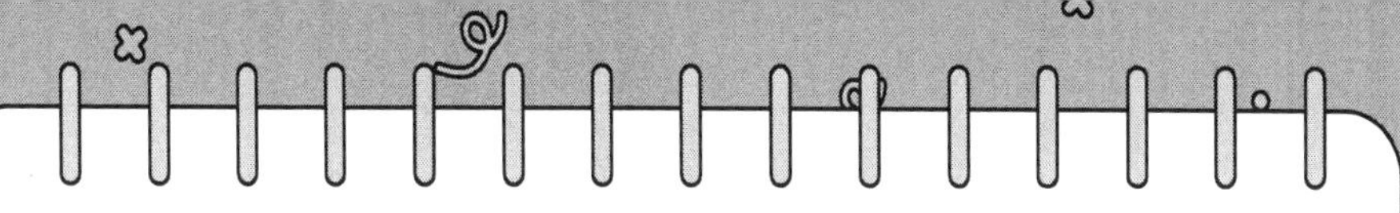

제13과 구원의 모습 (32-36문)

32문: 효력 있는 부르심을 받은 사람들은 이생에서 무슨 유익에 참여하나요?

32답: 효력 있는 부르심을 받은 사람들은 이생에서 의롭다 하심과 양자로 삼으심과 거룩하게 하심을 얻고, 또한 그것들과 함께 오거나 그것들에게 나오는 유익에 참여합니다.

문답정리

(1) 효력 있는 부르심을 받은 사람들은 이생에서 유익에 참여한다.

(2) 이 유익은 첫째 의롭다 하심

(3) 둘째 양자로 삼으심

(4) 셋째 거룩하게 하심이다.

(5) 이 세 가지와 함께 여러 가지 유익에 참여한다.

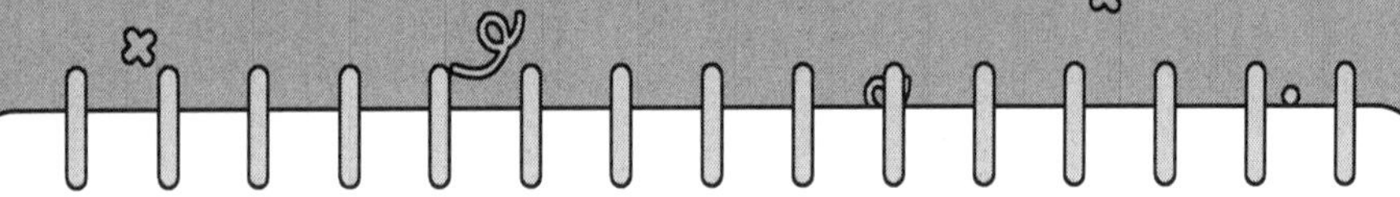

33문: 의롭다 하심(칭의)은 무엇인가요?

33답: 의롭다 하심은 하나님의 값없는 은혜의 행위로, 하나님께서 우리의 모든 죄를 용서하시고 그 앞에서 우리를 의로운 사람으로 받아주신 것입니다. 이것은 우리에게 돌려주시고 오직 믿음으로만 받아들여진 그리스도의 의 때문입니다.

문답정리

(1) 효력 있는 부르심을 받은 사람들은 의롭다 하심의 유익을 얻는다.

(2) 의롭다 하심은 하나님의 값없는 은혜이다.

(3) 의롭다 하심은 첫째 하나님이 우리의 모든 죄를 용서하시고

(4) 둘째 우리를 의로운 사람으로 받아주시는 것이다.

(5) 우리가 의롭게 된 것은 그리스도의 의를 우리에게 돌려주셨기 때문이다.

(6) 그리스도의 의는 오직 믿음으로 받아들여진다.

1. 우리가 구원을 받았다는 것은 단순히 죽음에서 살아났다는 것을 넘어섭니다. 구원은 즉각적으로 이루어지는 것도 있지만 점진적으로 이루어지는 것도 있습니다. 우선 구원을 받으면 우리의 상태가 달라집니다. 의로운 상태가 됩니다. 이것을 칭의라고 부릅니다. 그렇다면 구원받기 전에 우리는 어떤 상태였나요? (엡 2:2-3)

2. 우리는 본래 죄인이었습니다. 그랬던 우리가 의롭게 되었습니다. 우리가 의롭게 되는 것은 저절로 된 것이 아닙니다. 어떻게 의롭게 되었나요? (고후5:21)

⇨ 우리의 죄에 대한 책임과 형벌이 그리스도에게 넘어가게 된다. 이것을 통해 우리의 죄가 용서를 받는다. 동일한 순간에 그리스도의 의가 우리에게 넘어온다. 우리에게 넘어온 그리스도의 의를 보시고 하나님이 우리를 의롭다고 받아주신다.

3. 좀 어려운 질문을 해보겠습니다. 예수님을 믿는 당신은 지금 의인인가요? 죄인인가요?

　① 의인이라고 대답했을 경우: 그렇다면 평소에 죄를 짓지 않으시나요? 죄를 짓는데 어떻게 의인이죠?

　② 죄인이라고 대답했을 경우: 예수님을 믿으면 모든 죄가 용서받아 의롭게 된다고 했습니다. 그런데도 죄인인가요?

　③ 이 질문에 대한 가장 좋은 대답은 무엇일까요?

⇨ 우리가 예수님을 믿을 때 우리의 신분은 죄인에서 의인이 된다. 이 때 우리의 본성이 의롭게 바뀌어서 의인이 된 것이 아니다. 본성은 여전히 악하지만 그리스도의 의로 의인이 되었다. 우리의 신분은 의인이지만 우리의 본성에는 여전히 죄가 남아 있는 상태이다.

　하나님에 대하여 믿어야 하는 것

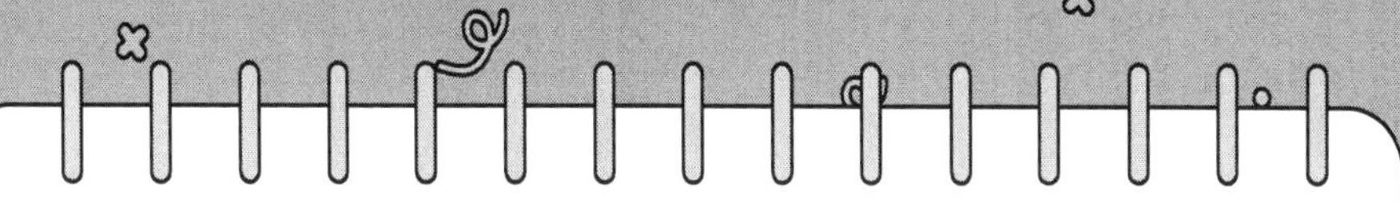

34문: 양자로 삼는 것은 무엇인가요?

34답: 양자로 삼는 것은 하나님의 값없는 은혜로 행위로, 이로 인해 우리가 하나님의 자녀들 중에 받아들여지고 그 모든 특권을 가지게 됩니다.

문답정리

(1) 효력 있는 부르심을 받은 사람들은 양자가 되는 유익을 얻는다.

(2) 양자로 삼는 것은 하나님의 값없는 은혜이다.

(3) 양자가 되어서 하나님의 자녀들 중에 받아들여진다.

(4) 그래서 하나님 자녀의 모든 특권을 가지게 된다.

4. 우리가 구원을 받으면 상태가 바뀝니다. 죄인에서 의인이 됩니다. 뿐만 아니라 우리의 지위도 바뀝니다. 사탄의 자식에서 하나님의 자녀가 됩니다. 이것이 양자가 되는 것입니다. 성경은 무엇이라고 말씀하나요? (요1:12)

5. 홍길동을 아시지요? 홍길동의 아버지는 양반이었습니다. 서자였던 홍길동은 아버지를 아버지라 부르지 못했습니다. 우리가 하나님의 양자가 되는 것은 다릅니다.
  ① 우리는 하나님을 어떻게 부르나요? (갈4:6)

  ② 하나님의 자녀로서 가지는 권리는 무엇인가요? (갈4:7)
⇨ 아들의 권리로 하나님의 유업을 받는다.

6. 하나님의 자녀는 어떻게 살아야 하나요?? (엡5:1)
⇨ 하나님의 아들이라는 것은 권리만 있는 것이 아니다. 하나님의 아들이라면 하나님을 본받아 살아야 한다.

7. 많은 권력자들의 자녀들이 부모님의 힘을 믿고 갑질을 하다가 문제를 많이 일으키는 것을 보게 됩니다. 하나님의 힘을 믿고 사는 것은 전혀 다릅니다. 우리가 하나님의 자녀로 하나님의 힘을 믿고 살 수 있는 방법은 무엇일까요? (마7:7-11)

⇨ 하나님의 힘을 믿고 사는 것은 갑질을 하는 것이 아니다. 내 힘이 아니라 하나님을 의지하면서 사는 것이다. 이렇게 살 수 있는 방법이 있다. 우리의 아버지되시는 하나님께 기도하는 것이다.

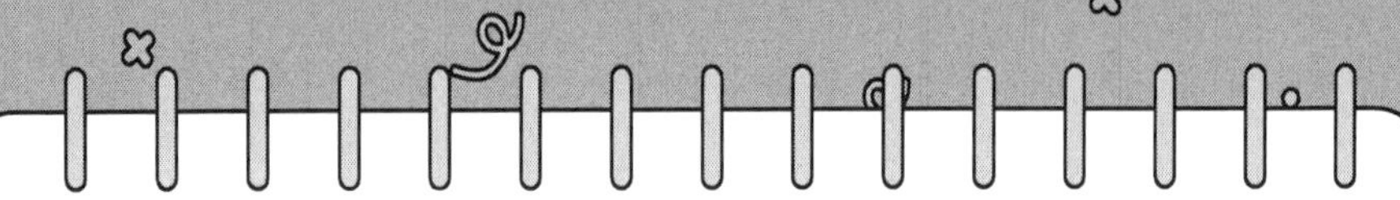

35문: 거룩하게 하시는 것(성화)은 무엇인가요?

35답: 거룩하게 하시는 것은 하나님의 값없는 은혜의 행위로, 이로 인해 우리의 전인격이 하나님의 형상을 따라 새롭게 되고, 점점 죄에 대해서는 죽고 의에 대해서는 살수 있게 되는 것입니다.

문답정리

(1) 효력 있는 부르심을 받은 사람들은 거룩하게 하시는 유익을 얻는다.

(2) 거룩하게 하시는 것은 하나님의 값없는 은혜이다.

(3) 거룩하게 되는 것은 우리가 하나님의 형상을 따라 우리의 전인격이 새롭게 되는 것이다.

(4) 그래서 죄에 대해서는 점점 죽고 의에 대해서는 살 수 있게 된다.

8. 구원은 즉각적으로 이루어지는 것도 있지만 전 삶에 걸쳐 점진적으로 이루어지는 것도 있습니다. 앞에서는 즉각적으로 이루어지는 칭의를 보았습니다. 점진적으로 이루어지는 것은 거룩해지는 것, 성화입니다. 이 성화에는 목표가 있습니다. 무엇인가요? (엡4:13-15)

⇨ 머리이신 예수님에게 자라나는 것이다. 성화란 쉽게 말하면 예수님을 닮아가는 삶이다.

9. 성화의 삶을 살기 위해 우리가 버려야 하는 것과 따라야 하는 것이 있습니다. 무엇인가요?

  ① 버려야 하는 것 (갈5:19-21)

  ② 따라야 하는 것 (갈5:22-23)

10. 성화는 나 혼자 이루어가기가 어렵습니다. 그래서 꼭 필요한 것이 있습니다. 무엇인가요? (히10:24-25)

⇨ 함께 성화를 이루어갈 공동체가 필요하다.

11. 현재 나의 모습을 한 번 돌아보겠습니다. 나는 거룩하게 살고 있나요?

 하나님에 대하여 믿어야 하는 것

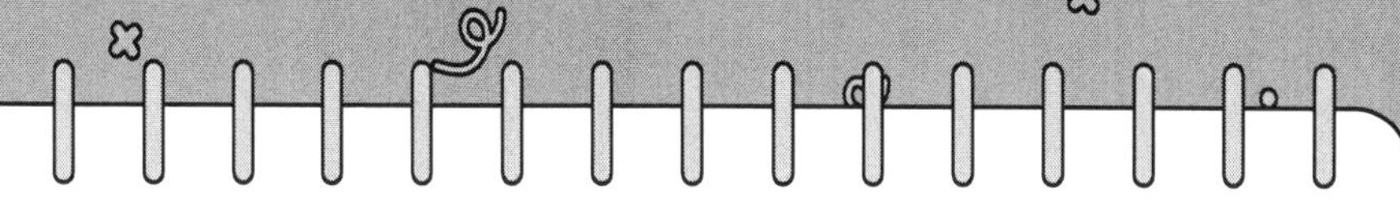

36문: 이 생에서 의롭다 하심과 양자 삼으신 것과 거룩하게 하심으로 함께 받는 유익과 여기서 흘러나오는 유익들은 무엇인가요?

36답: 이 생에서 의롭다 하심과 양자 삼으신 것과 거룩하게 하심으로 함께 받는 유익과 여기서 흘러나오는 유익은 하나님의 사랑을 확실히 아는 것과 양심이 평안한 것과 성령 안에서의 기쁨과 은혜가 자라나는 것과 그 안에서 끝까지 견디는 것입니다.

문답정리

(1) 이 땅에서 칭의와 양자와 성화를 통해 나오는 유익들이 있다.

(2) 이 유익은 첫째 하나님의 사랑을 확실하게 아는 것이다.

(3) 둘째 양심이 평안한 것이다.

(4) 셋째 성령 안에서 기쁨을 얻는 것이다.

(5) 넷째 은혜가 자라가는 것이다.

(6) 다섯째 끝까지 견디는 것이다.

12. 구원의 확신이 있으신가요? 내가 구원받은 것을 어떻게 확신할 수 있나요? 이 질문에 여러 가지로 대답할 수 있지만 구원받은 사람이 누리는 유익을 지금 내가 누리고 있느냐를 살펴보면 됩니다. 나는 이런 유익을 누리고 있나요?

⇨ 이러한 유익을 누리는 사람들이 구원을 받은 사람들이다. 내가 지금 이러한 유익을 누리고 있는지 살펴볼 필요가 있다.

13. 이런 생각을 해보신 적이 있으신가요? '로마 박해 시대 때 내 목에 칼을 들이대고 예수님을 부인하면 살려주겠다고 하면 나는 어떻게 대답할까?' 어떻게 대답하시겠습니까? (요10:28-29)

⇨ 나의 부족한 모습을 생각하면 죽음의 위협 앞에 굴복할 것 같다. 하지만 구원받은 사람에게 끝까지 견디는 은혜를 주신다. 내가 특별해서가 아니라 하나님이 지켜주시기에 내 신앙을 지킬 수 있다.

† 이번 과에서 특별히 새로 알게 된 것이나 은혜를 받은 것이 있다면 이야기해 주세요.

† 이번 과를 배우면서 새롭게 결심한 것이 있다면 이야기 해 주세요.

† 암송구절

"12 영접하는 자 곧 그 이름을 믿는 자들에게는 하나님의 자녀가 되는 권세를 주셨으니" (요1:12)

MEMO

하나님에 대하여 믿어야 하는 것

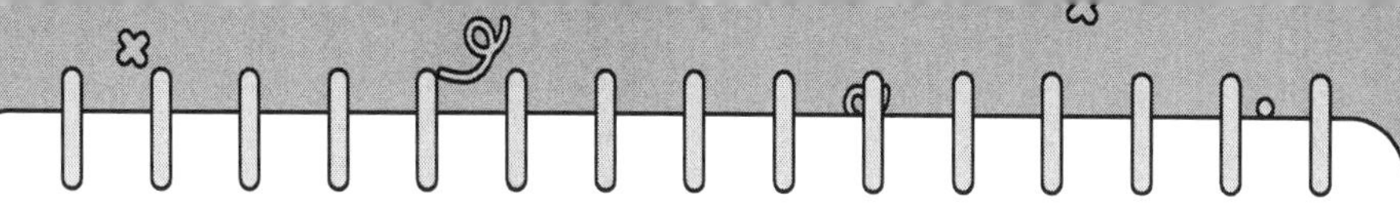

제14과 죽음과 부활 (37-38문)

37문: 신자들은 죽을 때에 그리스도로부터 무슨 유익을 받나요?

37답: 신자들은 죽을 때에 그 영혼이 완전히 거룩하게 되어 즉시 영광중에 들어가고 그 몸은 여전히 그리스도와 연합하여 부활 때까지 무덤에서 쉽니다.

문답정리

(1) 신자는 이 땅에서 유익을 누릴 뿐만 아니라 죽을 때에도 유익을 얻는다.

(2) 이 유익은 그리스도로부터 온다.

(3) 신자의 영혼은 완전히 거룩하게 되어 즉시 영광중에 들어간다.

(4) 신자의 몸은 여전히 그리스도와 연합하여 부활 때까지 무덤에서 쉰다.

1. 살다보면 장례식장에 많이 가게 됩니다. 교회를 다니는 사람과 다니지 않는 사람의 장례식장에서 어떤 차이점을 볼 수 있나요?

2. 신자의 죽음에 대하여 살펴보기 위해서 먼저 죽음의 의미를 한 번 생각해봐야 합니다. 죽음은 무엇인가요? 성경에서 죽음은 '분리'의 의미가 있습니다.

 ① 영적인 죽음 (엡2:3)

⇨ 하나님과의 분리, 하나님의 자녀가 아니라 진노의 자녀였다.

 ② 육적인 죽음 (창3:19)

⇨ 몸과 영혼의 분리, 사람의 죽음을 어떻게 봐야 하는가에 대한 논의들이 많다. 대표적으로 뇌사와 심장사가 있다. 뇌사가 맞는지, 심장사가 맞는지는 의학적인 문제이다. 성경은 그 때가 뇌사인지, 심장사인지 알 수 없지만 사람의 몸과 영혼이 분리되는 순간을 죽음이라고 한다.

3. 신자의 죽음 후에 신자의 영혼은 어떻게 되나요? (눅23:43)

⇨ 어떤 중간 단계에 있지 않다. 즉지 낙원에 거하게 된다.

4. 신자의 죽음 후에 신자의 육체는 어떻게 되나요? (살전4:14)

⇨ 이 땅에 그대로 남아서 쉼을 누린다. 그러다 예수님이 다시 오실 때 부활한다.

5. 천상병 시인의 '귀천'이라는 시에 보면 이런 구절이 있습니다.

나 하늘로 돌아가리라

아름다운 이 세상 소풍 끝내는날

가서 아름다웠더라고 말하리라…

이 시와 빌립보서 3:20절의 말씀을 함께 생각해보겠습니다. 신자의 죽음은 어떤 의미가 있나요?

⇨ 이 땅에 사는 사람들에게 죽음은 영원한 이별이다. 하지만 신자들에게는 우리의 시민권이 있는 하늘, 고향으로 돌아가는 것이다.

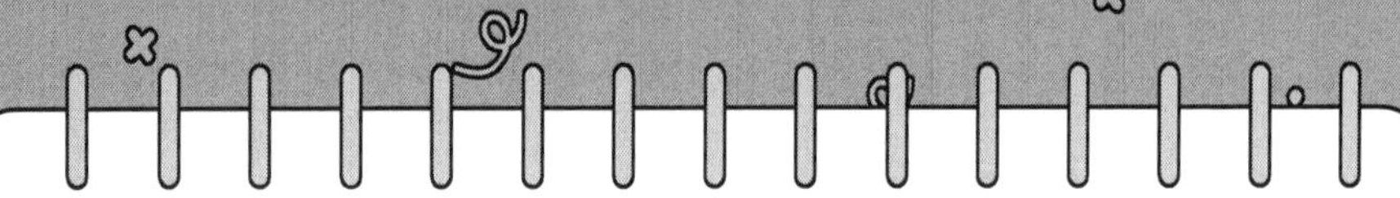

38문: 신자들은 부활할 때에 그리스도로부터 무슨 유익을 받나요?

38답: 신자들은 부활할 때에 영광중에 살아나서 심판 날에 공개적으로 인정과 죄 없다 하심을 선언 받고 완전히 복을 받아 영원토록 하나님을 충만하게 즐거워합니다.

문답정리

(1) 신자들은 부활할 때에 유익을 얻는다.

(2) 이 유익은 그리스도로부터 온다.

(3) 부활할 때 첫째 영광 중에 다시 살아난다.

(4) 둘째 심판 날에 공개적으로 인정받고 무죄선언을 받는다.

(5) 셋째 완전히 복을 받아 영원토록 하나님을 충만하게 즐거워한다.

6. 성경에 보면 죽었다가 다시 살아난 사람들의 이야기가 기록되어 있습니다. 한 번 기억나는 대로 말해보실까요. 이 사람들이 죽음에서 다시 살아난 것과 신자의 부활과는 어떤 차이가 있나요? (고전 15:42-43)

⇨ 예를 들어 나인성 과부의 아들이나 나사로는 부활했지만 결국 다시 죽었다. 신자의 부활은 더 이상 죽음이 없는 영광스러운 부활이다.

7. 부활 후에는 하나님의 심판이 있습니다. 이것은 공개적인 심판입니다. 이 때 어떤 일이 벌어지나요? (마25:31-33, 46)

⇨ 신자들은 하나님 앞에서 무죄 선언을 받고 영생에 들어가지만 불신자들은 심판을 받아 영벌에 들어간다.

8. 심판 후에는 신자와 불신자의 운명이 완전히 갈리게 됩니다. 이것에 대하여 성경은 어떻게 묘사하나요?

　① 불신자(계20:12-15)

　② 신자(계21:1-4)

9. 우리가 부활할 것이라는 소망을 가지고 사는 것이 왜 중요한가
요? (고전15:19)

⇨ 현실적인 이야기이다. 부활이 없다면 신자들처럼 불쌍한 사람
들이 없다. 마음대로 못하는 것이 너무 많다. 하지만 우리는 영광
스러운 부활을 믿기에 더욱 큰 소망을 가지고 산다.

10. 사람이 부활한다는 것은 믿기 어려운 이야기입니다. 우리가
부활할 것을 믿을 수 있는 이유는 무엇인가요? (고전15:20)

⇨ 첫 열매를 보면서 앞으로 계속 열매를 열리게 될 것을 알게 된
다. 예수님의 부활을 통해 우리의 부활을 믿을 수 있다.

  하나님에 대하여 믿어야 하는 것

정리

† 이번 과에서 특별히 새로 알게 된 것이나 은혜를 받은 것이 있다면 이야기해 주세요.

† 이번 과를 배우면서 새롭게 결심한 것이 있다면 이야기 해 주세요.

† 암송구절

"19 만일 그리스도 안에서 우리가 바라는 것이 다만 이 세상의 삶뿐이면 모든 사람 가운데 우리가 더욱 불쌍한 자이리라 20 그러나 이제 그리스도께서 죽은 자 가운데서 다시 살아나사 잠자는 자들의 첫 열매가 되셨도다" (고전15:19-20)

MEMO

하나님에 대하여 믿어야 하는 것

제 2 부

하나님이 사람에게 요구하시는 의무
(39-107문)

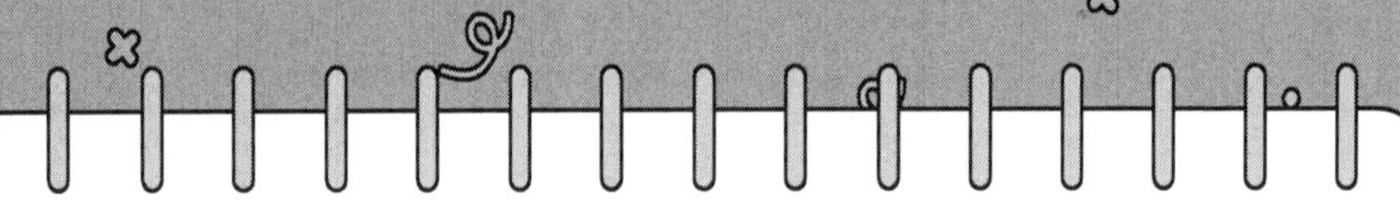

제1과 하나님이 요구하시는 의무 (39-44문)

39문: 하나님께서 사람에게 요구하시는 의무는 무엇인가요?

39답: 하나님께서 사람에게 요구하시는 의무는 그가 나타내신 뜻에 복종하는 것입니다.

문답정리

(1) 하나님께서 사람에게 요구하시는 의무가 있다.

(2) 그 의무는 하나님이 나타내신 뜻에 복종하는 것이다.

1. 소요리 문답은 크게 둘로 나누어집니다. 1부에서는 하나님에 대하여 무엇을 믿어야 하는지를 보았습니다. 먼저 1부에서 배웠던 것들을 간단하게 정리해 볼까요?

2. 우리를 구원하신 하나님께서 우리에게 요구하시는 것이 있습니다. 순종하는 것입니다. 그런데 하나님께 순종한다고 할 때 중요한 것은 내 생각이 아닙니다. 어떻게 순종해야 하나요? (삼상 15:22)

⇨ 내 생각대로 순종하는 것이 아니라 하나님이 나타내신 뜻대로 순종해야 한다. 이 하나님의 뜻은 성경에 기록되어 있다.

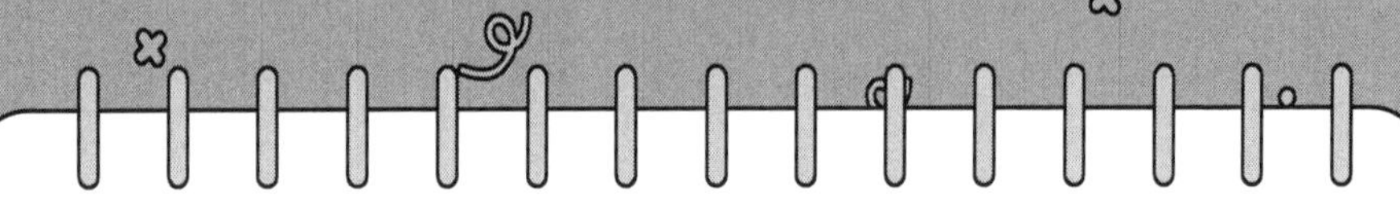

40문: 하나님께서 복종할 규칙으로 사람에게 처음 나타내신 것은 무엇인가요?

40답: 하나님께서 복종할 규칙으로 사람에게 처음 나타내신 것은 도덕법이었습니다.

문답정리

(1) 사람의 의무는 하나님이 나타내신 뜻에 복종하는 것이다.

(2) 하나님은 처음 복종할 규칙으로 도덕법을 주셨다.

3. 국가에는 국가를 유지하기 위한 법이 있습니다. 하나님도 자신에게 복종할 규칙으로 법을 주셨습니다. 국가의 법을 지키는 것과 하나님의 법을 지키는 것은 어떤 차이가 있을까요?
(요14:15, 요일5:3)

⇨ 국가의 법은 벌을 받지 않기 위해서 지키는 것이다. 하지만 우리가 하나님께 복종하는 것은 하나님을 사랑하기 때문이다. 하나님을 사랑하는 것은 계명을 지키는 것으로 나타나야 한다.

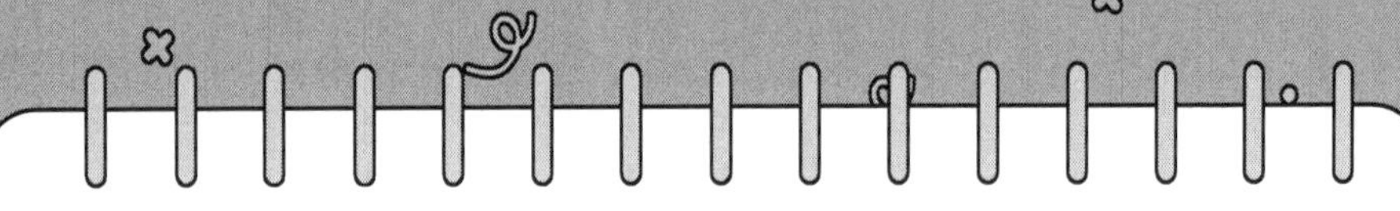

41문: 이 도덕법은 어디에 요약해서 설명되어 있나요?

41답: 이 도덕법은 십계명에 요약해서 설명되어 있습니다.

문답정리

(1) 사람이 복종할 규칙으로 주신 도덕법은 십계명에 요약해서 설명되어
있다.

4. 요즈음 보면 여기저기에 십계명이라는 말이 많이 붙습니다. '부부 십계명', '자녀 교육 십계명". 이것 말고도 보신 것들이 있으신가요? 그러다 보니 10개의 규칙으로 만들면 다 십계명으로 불립니다. 하지만 성경에 나오는 십계명은 10이라는 숫자가 중요한 것이 아닙니다. 십계명이 중요한 이유는 무엇인가요?

⇨ 그냥 10가지 규칙을 나열한 것이 아니라 모든 도덕법을 요약한 것이다. 이 안에 모든 도덕법의 진수가 있다.

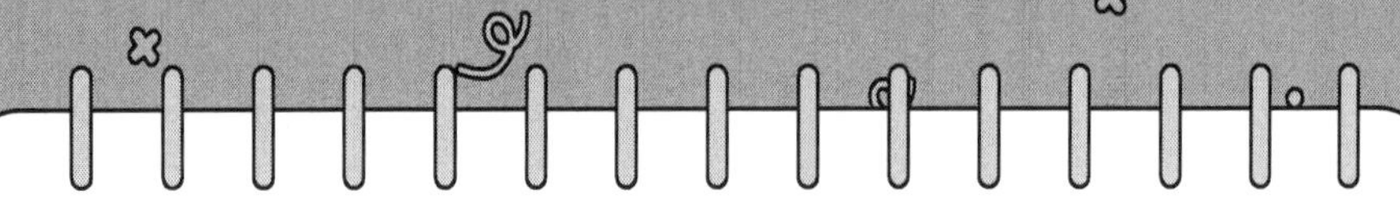

42문: 십계명의 요점은 무엇인가요?

42답: 십계명의 요점은 우리의 마음을 다하고 성품을 다하고 힘을 다하고 뜻을 다하여 주 우리 하나님을 사랑하고 또한 이웃 사랑하기를 자기와 같이 하는 것입니다

문답정리

(1) 도덕법은 십계명에 요약해서 설명되어 있다.

(2) 이 십계명의 요점은 첫째 마음을 다하고 성품을 다하고 힘을 다하고 뜻을 다하여 하나님을 사랑하는 것이다.

(3) 둘째 이웃 사랑하기를 자기와 같이 하는 것이다.

5. 구약에는 많은 계명들이 있습니다. 예수님은 이 계명을 두 가지로 요약해주셨습니다. 예수님이 요약해주신 것은 십계명의 요점이기도 합니다. 예수님의 말씀과 이 말씀이 구약에는 어떻게 나타나 있는지 한 번 살펴보겠습니다.

　① 마22:37-40

　② 신6:5

　③ 레19:18

6. 성경의 모든 계명의 요약은 결국 '사랑'입니다. 왜 사랑이 결론일까요? (요일4:8)

⇨ 하나님 자신이 사랑이시기 때문이다. 사랑하지 않는 사람은 하나님을 알지 못하는 사람이다.

7. 예수님의 말씀은 우리의 사랑의 대상에 대하여 분명하게 말씀하고 있습니다. 요즈음 내가 사랑하는 것들은 무엇인가요? 나는 하나님을 진심으로 사랑하고 있나요? 나는 이웃들을 내 몸같이 사랑하고 있나요?

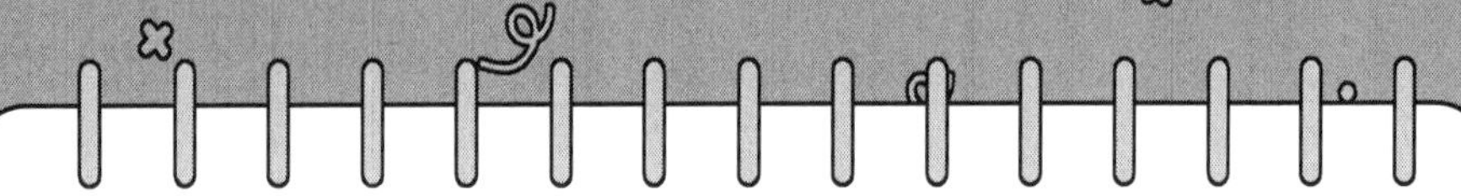

43문 십계명의 서문은 무엇인가요?

43답: 십계명의 서문은 "나는 너를 애굽 땅, 종 되었던 집에서 인도하여 낸 네 하나님 여호와니라" 입니다.

문답정리

(1) 십계명의 서문은 십계명을 주신 하나님을 소개하고 있다.

(2) 하나님은 이스라엘 백성들을 애굽 땅, 종 되었던 집에서 인도하여 내셨다.

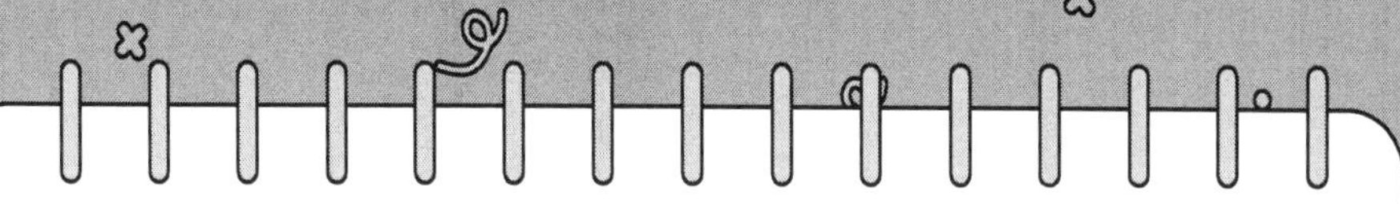

44문: 십계명의 서문은 우리에게 무엇을 가르쳐 주나요?

44답: 십계명의 서문이 우리에게 가르치는 것은 하나님께서 우리의 주가 되시고, 하나님이 되시며, 구속자도 되시므로 우리는 마땅히 그의 모든 명령을 지켜야 한다는 것입니다.

문답정리

(1) 십계명의 서문은 왜 우리가 하나님의 명령을 지켜야 하는지를 가르쳐 준다.

(2) 우리가 하나님의 명령을 지켜야 하는 것은 하나님이 우리의 주인이시고, 하나님이시고, 구원자이시기 때문이다.

8. 바둑에 보면 수순이라는 것이 있습니다. 같은 곳에 돌을 놓더라도 언제 놓는가가 중요합니다. 십계명도 언제 이스라엘 백성들에게 주어졌는가가 중요합니다. 십계명은 출애굽 전에 주어졌나요, 출애굽 후에 주어졌나요? (출20:1-2) 이것은 무엇을 의미하나요?

⇨ 출애굽 후에 주어졌다. 출애굽의 조건으로 계명을 지키는 것이 아니라 구원을 받았기 때문에 계명을 지키는 것이다. 우리의 구원도 같다.

9. 성경이 기록된 목적을 한 번 생각해보겠습니다. 성경의 기록 목적은 무엇인가요? (딤후3:15-17)

10. 왜 자녀가 부모의 말을 들어야 합니까? 자녀가 부모의 말을 듣는 가장 큰 이유는 부모이기 때문입니다. 우리가 왜 하나님의 말씀을 들어야 하나요? 지금 우리는 하나님의 말씀을 어떤 마음으로 지키며 살아가고 있나요?

　하나님이 사람에게 요구하시는 의무

† 이번 과에서 특별히 새로 알게 된 것이나 은혜를 받은 것이 있다면 이야기해 주세요.

† 이번 과를 배우면서 새롭게 결심한 것이 있다면 이야기 해 주세요.

† 암송구절

"37 예수께서 이르시되 네 마음을 다하고 목숨을 다하고 뜻을 다하여 주 너의 하나님을 사랑하라 하셨으니 38 이것이 크고 첫째 되는 계명이요 39 둘째도 그와 같으니 네 이웃을 네 자신 같이 사랑하라 하셨으니 40 이 두 계명이 온 율법과 선지자의 강령이니라" (마22:37-40)

MEMO

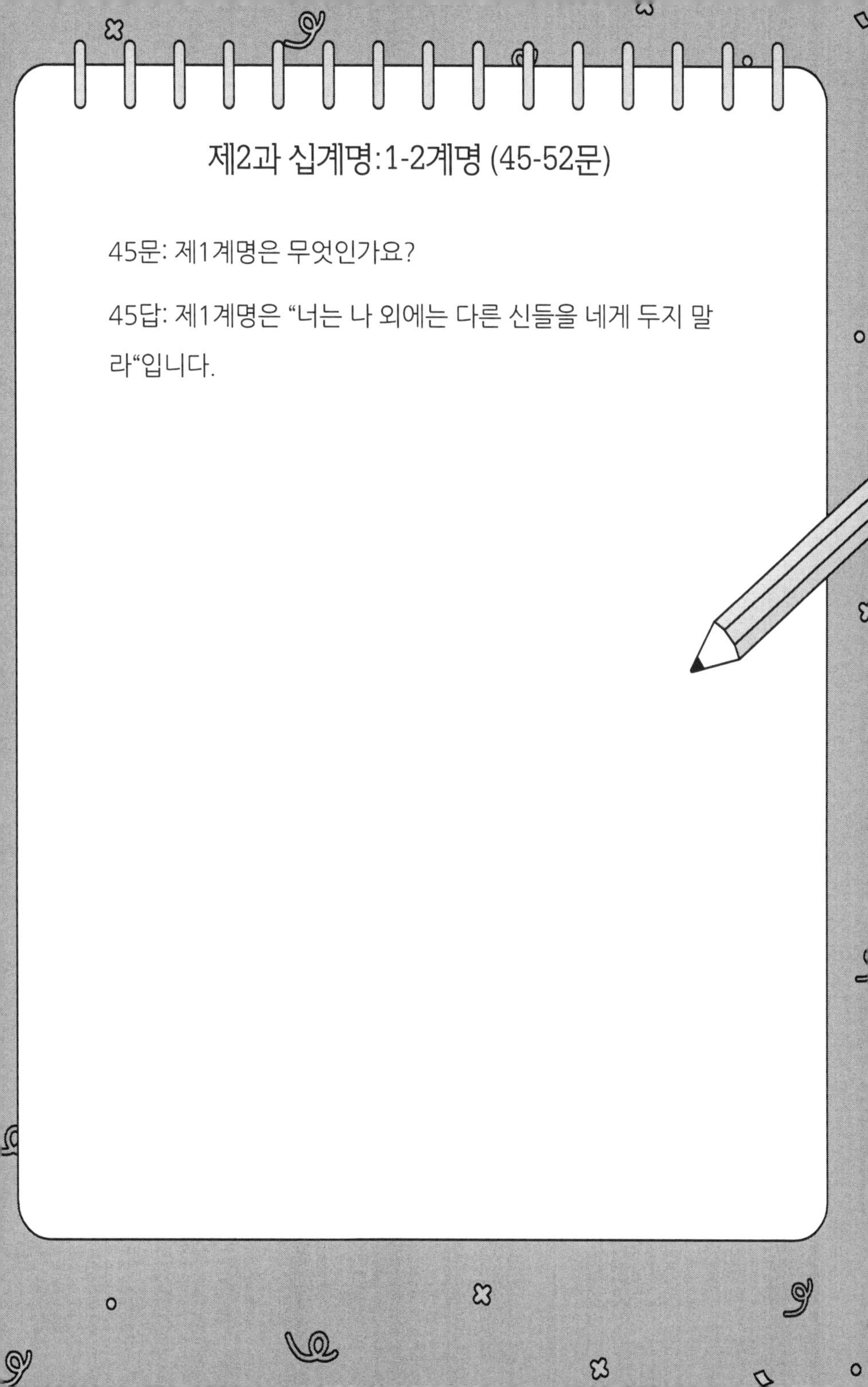

제2과 십계명:1-2계명 (45-52문)

45문: 제1계명은 무엇인가요?

45답: 제1계명은 "너는 나 외에는 다른 신들을 네게 두지 말라"입니다.

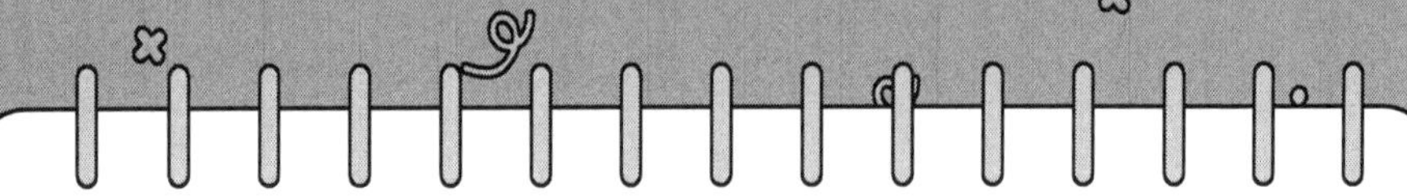

46문 제1계명에서 요구하는 것은 무엇인가요?

46답: 제1계명에서 요구하는 것은 하나님이 유일하고 참 하나님이시며 우리의 하나님이신 것을 알고 인정하고 거기에 맞게 그분에게 경배와 영광을 돌려야 한다는 것입니다.

문답정리

(1) 제1계명은 먼저 두 가지를 알고 인정할 것을 요구한다.

(2) 첫째 하나님이 유일하고 참되신 이시다.

(3) 둘째 하나님이 우리의 하나님이 되신다.

(4) 이 하나님께 합당한 경배와 영광을 돌려야 한다.

1. 제1계명은 하나님 말고 다른 신들이 있다는 의미가 아닙니다. 하나님 외에 우상숭배를 금지하는 계명입니다. 이 계명은 이방인들에게 주어진 것이 아니라 하나님을 믿는 이스라엘 백성들에게 주어졌습니다. 이스라엘 백성들에게 왜 이런 계명을 주셨을까요? (왕상18:21)

⇨ 이스라엘의 역사를 보면 하나님을 섬기지 않은 것이 문제가 아니었다. 하나님을 섬기면서 동시에 우상도 섬겼다. 지금 엘리야는 이스라엘 백성들에게 하나님과 우상 사이에서 선택하라고 말하고 있다.

2. 제1계명은 하나님께 합당한 경배와 영광을 돌려야 할 것을 요구합니다. 이것은 익숙합니다. 소요리문답 1문과 1답과 비슷하기 때문입니다. 제1계명과 소요리문답 1문 1답과는 어떤 관계인가요?

⇨ 하나님께 영광을 돌리는 것은 인간의 목적이자 동시에 성도의 의무이다.

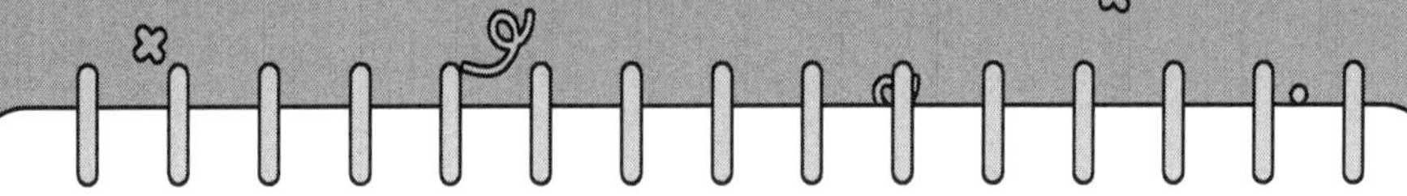

47문: 제1계명에서 금지하는 것은 무엇인가요?

48답: 제1계명에서 금지하는 것은 참된 하나님을 하나님으로, 우리의 하나님으로 부인하고, 경배하지 않고 영화롭게 하지 않는 것과 오직 그분에게만 합당한 경배와 영광을 다른 이에게 드리는 것입니다.

문답정리

(1) 제1계명이 금지하는 것이 있다.

(2) 첫째 참 하나님을 부인하고 경배와 영광을 돌리지 않는 것이다.

(3) 둘째 하나님께 합당한 경배와 영광을 다른 이에게 드리는 것이다.

3. 무신론에는 두 가지가 있습니다. 이론적 무신론과 실천적 무신론입니다. 이론적 무신론은 자기 나름의 논리를 따라 하나님이 없다고 믿는 것입니다. 실천적 무신론은 하나님을 믿는다고 하면서 그 삶은 하나님이 없는 것 같이 사는 것입니다. 하나님을 믿으면 마땅히 하나님께 경배와 영광을 돌리는 삶을 살아야 합니다. 우리의 삶에 실천적 무신론자와 같은 모습은 없나요?

4. 우상숭배는 단순히 다른 종교나 미신을 믿는 것이 아닙니다. 다른 것들을 하나님처럼 섬기는 것은 다 우상입니다. 한 번 우리의 삶을 살펴보겠습니다. 혹시 내 삶 가운데 우상숭배의 모습은 없나요? (마6:24)

⇨ 예수님은 이런 우상의 대표적인 예로 재물을 말씀하고 있다.

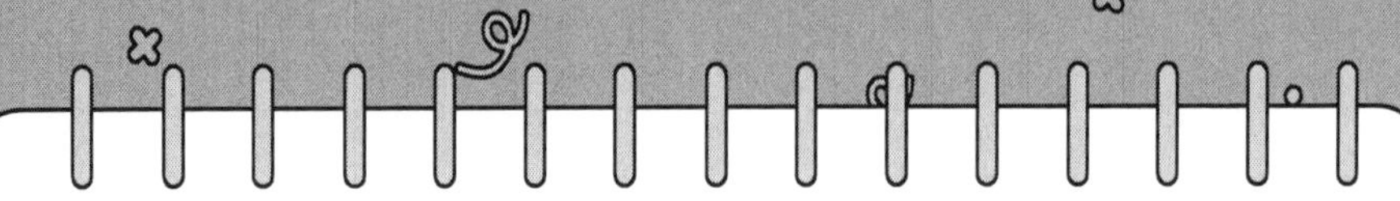

48문: 제1계명 중에 "나 외에"라는 말씀이 우리에게 특별히 가르치는 것은 무엇인가요?

48답: 제1계명 중에 "나 외에"라고 한 말씀이 우리에게 특별히 가르치는 것은 만물을 보시는 하나님이 어떤 다른 신을 섬기는 우리의 죄를 주목하시고 매우 싫어하신다는 것입니다.

문답정리

(1) 제1계명 중에 '나 외에'라고 나와 있는 것이 특별히 가르치는 것이 있다.

(2) 첫째 하나님은 만물을 보시는 분이시다.

(3) 둘째 이 하나님은 하나님 외에 다른 신을 섬기는 죄를 주목하시고 매우 싫어하신다.

5. '나 외에'라는 말은 히브리어로 '알 파나이'라는 말입니다. 그대로 직역하면 '내 얼굴 앞에서'라는 의미가 됩니다. 하나님 얼굴 앞에서 다른 신을 두지 말라는 말씀입니다. 이 말은 무엇을 강조하는 걸까요?

⇨ 하나님과 이스라엘 백성들과의 배타적인 관계를 나타내는 말이다. 결혼한 사람이 바람을 피워서는 안된다. 하나님과도 마찬가지다. 또 숨어서 할 수도 없다. 하나님은 만물을 보시는 분이시다.

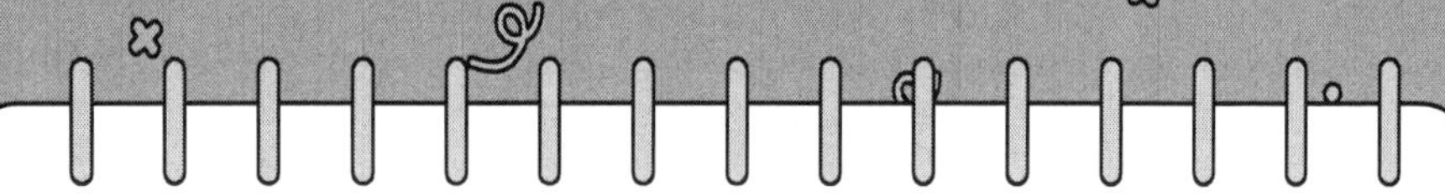

49문: 제2계명은 무엇인가요?

49답: 제2계명은 "너를 위하여 새긴 우상을 만들지 말고 또 위로 하늘에 있는 것이나 아래로 땅에 있는 것이나 땅 아래 물 속에 있는 것의 어떤 형상도 만들지 말며 그것들에게 절하지 말며 그것들을 섬기지 말라 나 네 하나님 여호와는 질투하는 하나님인즉 나를 미워하는 자의 죄를 갚되 아버지로부터 아들에게로 삼사 대까지 이르게 하거니와 나를 사랑하고 내 계명을 지키는 자에게는 천 대까지 은혜를 베푸느니라" 입니다.

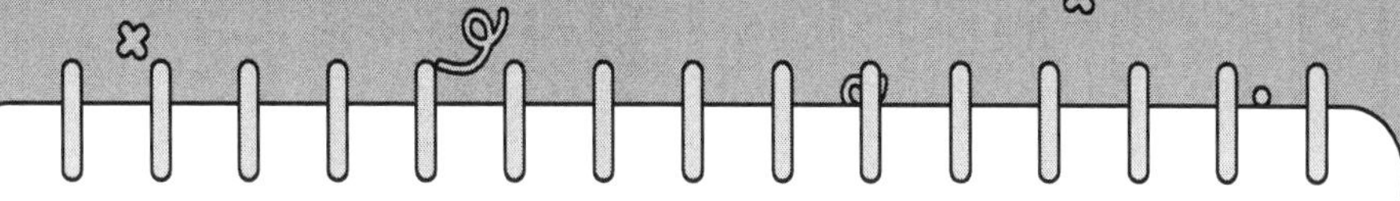

50문: 제2계명에서 요구하는 것은 무엇인가요?

50답: 제2계명에서 요구하는 것은 하나님께서 그분의 말씀에서 정하여 주신 모든 종교적 예배와 규례를 순수하고 완전하게 받아들이고 순종하며 지키라 하는 것입니다.

문답정리

(1) 하나님은 말씀을 통하여 모든 종교적 예배와 규례를 정하여 주셨다.

(2) 제2계명은 이것들을 순수하고 완전하게 받아들이고 순종하며 지키라는 것이다.

6. 제1계명과 제2계명의 관계를 생각해보겠습니다. 언뜻 보면 1계명과 2계명이 비슷해 보이기도 합니다. 1계명과 2계명의 차이는 무엇인가요?

⇨ 1계명은 하나님 아닌 다른 신을 섬기는 행위, 곧 우상숭배를 금지하는 계명이고 2계명은 하나님을 섬기되 하나님이 명령하는 방식으로 섬기라는, 하나님에 대한 바른 예배에 관한 계명이다.

7. 하나님은 이스라엘 백성들을 애굽에서 구원해주시고 자기 백성을 삼으셨습니다. 이스라엘 백성들은 하나님을 믿었습니다. 그런데 문제가 있었습니다. 이스라엘 백성들은 자신들이 원하는 방식으로 믿었습니다.

① 모세가 십계명을 받으러 갔을 때 이스라엘 백성들은 금송아지 형상을 만들었습니다. 그렇게 만들고 이 금송아지에 대하여 무엇이라고 말하나요? (출32:4)

② 금송아지 형상을 만들고 나서 어떻게 하나요? (출32:5-6)
⇨ 하나님의 절일에 제사를 지냈다. 다른 신을 만든 것이 아니라 하나님을 금송아지 형상으로 만들어 섬겼다

　　하나님이 사람에게 요구하시는 의무

③ 이스라엘 백성들이 금송아지 형상을 만든 이유는 무엇인가요? (출32:1, 삿17:13)

⇨ 이스라엘 백성들은 우리를 위한 신을 만들었다. 사람이 하나님을 위해 존재하는 것이 아니라 하나님이 백성들을 위해 존재해야 된다고 믿은 것이다. 눈에 보이지 않는 신은 자신들이 컨트롤할 수 없다. 자신들이 컨트롤할 수 있는 눈에 보이는 신을 만들었다. 사사기에서 미가는 우상을 만들고 레위인을 제사장 삼았다. 그 다음 이렇게 했으니 하나님이 복을 주실 것이라고 한다. 하나님을 내 마음대로 조종하는 것이다. 이런 사람들에게 하나님은 자신의 조종에 의해 복을 주는 존재일 뿐이다.

8. 특별한 존재를 통해서 자신의 소원을 이루는 이야기들은 많이 있습니다. 대표적으로 도깨비 방망이나 알라딘에 나오는 램프의 요정입니다. 우리는 혹시 하나님을 이들과 같이 대하는 경우는 없나요?

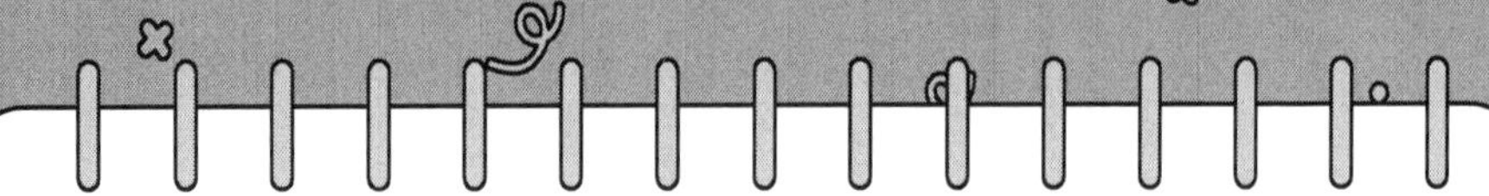

51문: 제2계명에서 금지하는 것은 무엇인가요?

51답: 제2계명이 금지하는 것은 형상으로나 하나님의 말씀
에 정하지 아니한 어떤 다른 방법으로 예배하는 것입니다.

문답정리

(1) 제2계명에서 금지하는 것이 있다.

(2) 첫째 형상으로 하나님을 예배하는 것이다.

(3) 둘째 하나님의 말씀이 정하지 않는 방법으로 예배하는 것이다.

9. 우리의 예배를 한 번 돌아보겠습니다. 요즈음 어떻게 예배하시나요? 하나님 중심으로 예배하고 있나요? 혹시 내 편의에 따라 예배하고 있지는 않나요?

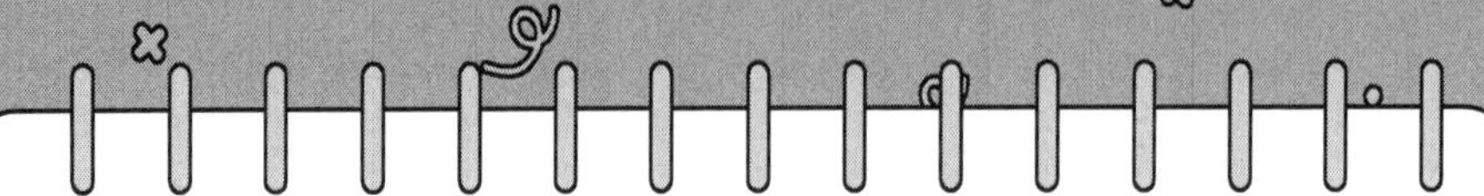

52문: 제2계명에서 부가된 이유들은 무엇인가요?

52답: 제2계명에서 부가된 이유들은 우리에 대한 하나님의 통치권과 우리 안에 있는 하나님의 정당성과 하나님만을 경배하는 것에 대한 하나님의 열망입니다.

문답정리

(1) 제2계명에는 이 계명을 왜 지켜야 하는지 이유가 있다.

(2) 첫째 하나님이 우리의 통치자가 되시기 때문이다.

(3) 둘째 하나님이 우리에게 이것들을 요구할 수 있는 정당한 자격을 가졌기 때문이다.

(3) 셋째 하나님은 우리가 하나님만 경배할 것을 열망하시기 때문이다.

10. 제2계명을 지켜야 하는 이유는 우리가 믿는 하나님과 우상은 본질적으로 다르기 때문입니다.

　① 하나님은 어떤 분이신가요? (출20:5-6)

⇨ 하나님은 은혜와 벌을 주실 수 있는 통치자이시다.

　② 우상은 어떤 존재인가요?(사44:9, 15-17)

⇨ 우상들은 다 무익하고 허망한 것이다. 땔감으로 쓰는 나무로 우상을 만들고 그것을 경배하는 것은 어리석은 일이다.

11. 하나님은 우상을 섬기는 것을 아주 싫어하십니다. 성경은 이런 하나님의 모습을 어떻게 묘사하나요? (출34:13-14)

† 이번 과에서 특별히 새로 알게 된 것이나 은혜를 받은 것이 있다면 이야기해 주세요.

† 이번 과를 배우면서 새롭게 결심한 것이 있다면 이야기 해 주세요.

† 암송구절

"24 한 사람이 두 주인을 섬기지 못할 것이니 혹 이를 미워하고 저를 사랑하거나 혹 이를 중히 여기고 저를 경히 여김이라 너희가 하나님과 재물을 겸하여 섬기지 못하느니라" (마 6:24)

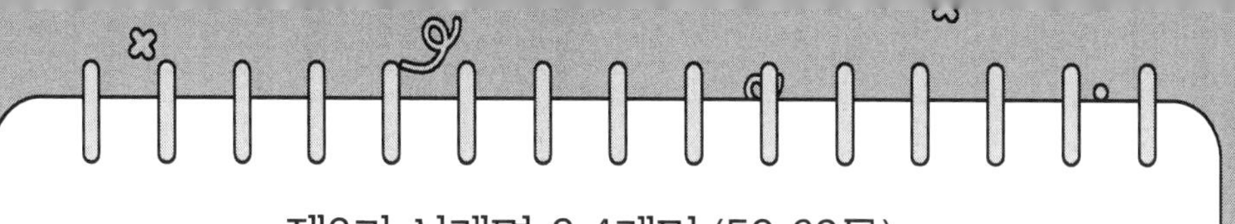

제3과 십계명:3-4계명 (53-62문)

53문: 제3계명은 무엇인가요?

53답: 제3계명은 "너는 네 하나님 여호와의 이름을 망령되게 부르지 말라 여호와는 그의 이름을 망령되게 부르는 자를 죄 없다 하지 아니하리라"입니다.

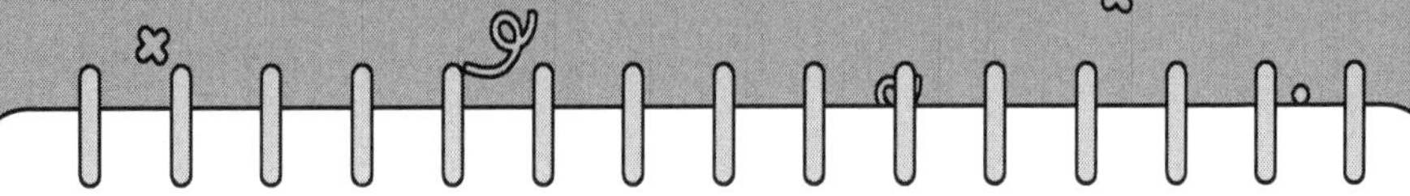

54문: 제3계명에서 요구하는 것은 무엇인가요?

54답: 제3계명에서 요구하는 것은 하나님의 이름과 칭호와 속성과 규례와 말씀과 사역들을 거룩하고 존경하는 마음으로 사용하라 하는 것입니다.

문답정리

(1) 제3계명은 하나님의 이름과 호칭과 속성과 규례와 말씀과 사역에 대한 계명이다.

(2) 하나님과 관계된 것들을 거룩하고 존경하는 마음으로 사용해야 한다.

1. 김춘수 시인의 '꽃'이라는 시가 있습니다.

내가 그의 이름을 불러주기 전에는/ 그는 다만/ 하나의 몸짓에 지나지 않았다.

내가 그의 이름을 불러 주었을 때,/ 그는 나에게로 와서/ 꽃이 되었다.

성경에서 이름은 단순히 어떤 사람을 부르는 호칭이 아닙니다. 특별한 의미나 관계를 가지고 있습니다. 성경에 보면 하나님이 이름을 바꾸어 주시는 장면들이 나옵니다. 기억하시는 것이 있나요?

2. 이름은 다른 것과 구별하기 위해 필요합니다. 하나님은 유일하신 분이시기에 이름이 필요 없으십니다. 그런 하나님께서 자신의 이름을 가르쳐주셨습니다. 이것은 어떤 의미를 가질까요? (출 3:13-14)

⇨ 하나님께서 이스라엘 백성들과 특별한 관계를 맺으신다. 이제 이스라엘은 하나님의 백성이 된다.

3. 하나님의 이름을 부른다는 것은 하나님의 백성이 되었다는 것입니다. 하나님의 이름을 부르는 것과 하나님의 백성으로 사는 것은 어떤 관계가 있을까요? (신28:58)

⇨ 하나님의 이름을 부르면서 거룩한 백성으로 살지 않으면 그것이 바로 하나님의 이름을 망령되게 사용하는 것이다.

 하나님이 사람에게 요구하시는 의무

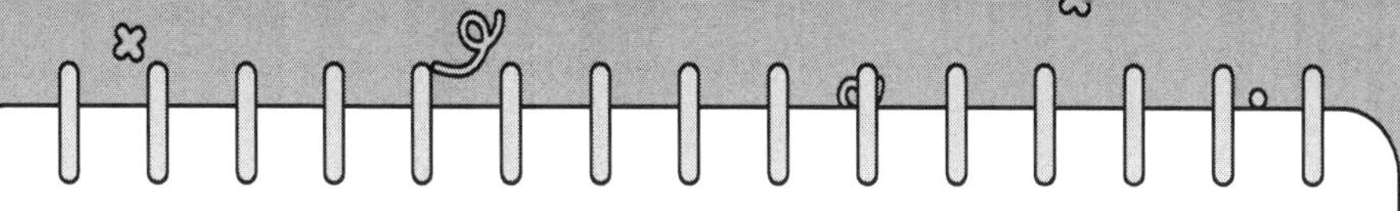

55문: 제3계명에서 금지하는 것은 무엇인가요?

55답: 제3계명이 금지하는 것은 무엇이든지 하나님이 자신을 알리신 것을 모독하거나 악용하는 것입니다.

문답정리

(1) 제3계명에서 금지하는 것이 있다.

(2) 하나님은 자신을 여러 가지 방법으로 알리셨다.

(3) 이것들을 모독하거나 악용해서는 안된다.

4. 사도행전에 보면 예수님의 이름으로 악귀에게 명령하는 마술
사의 이야기가 나옵니다. 이들은 오히려 악귀 들린 사람에게 공
격을 당합니다. 이 사람들의 문제는 무엇이었나요? (행19:13-16)
⇨ 주술과 신앙의 차이를 보여준다. 하나님의 이름을 부를 때 내
가 어떤 힘을 발휘하기 위해서 부른다면 그것은 주술이다. 하나
님을 섬기고자 할 때 신앙이 된다.

5. 요즈음 보면 자신의 생각이나 정치적 주장들을 말하면서 하나
님의 뜻이라고 말하는 사람들이 많습니다. 이런 것들을 어떻게
봐야 하나요?

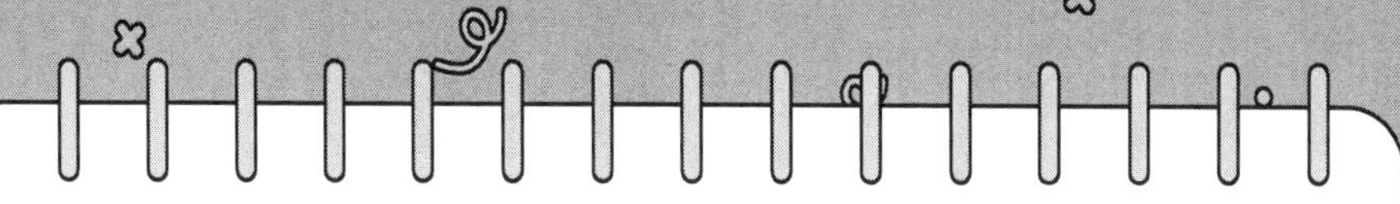

56문: 제3계명에서 부가된 이유들은 무엇인가요?

56답: 제3계명에서 부가된 이유들은 이 계명을 어기는 자들이 비록 사람에게는 형벌을 피할지라도 주 우리 하나님은 그들이 그 의로우신 심판을 피하지 못하게 하시기 때문입니다.

문답정리

(1) 제3계명에는 이 계명을 왜 지켜야 하는지 이유가 있다.

(2) 제3계명을 어기는 자들이 사람의 형벌을 피할 수는 있다.

(3) 하지만 하나님의 의로운 심판은 피할 수 없다.

6. 제사장 엘리의 두 아들 홉니와 비느하스는 제사장이었지만 하나님을 멸시했습니다.

① 홉니와 비느하스는 어떤 일을 저질렀나요? (삼상2:12-17)

② 엘리의 가문은 결국 어떻게 되나요? (삼상2:30-34)

　　　　하나님이 사람에게 요구하시는 의무

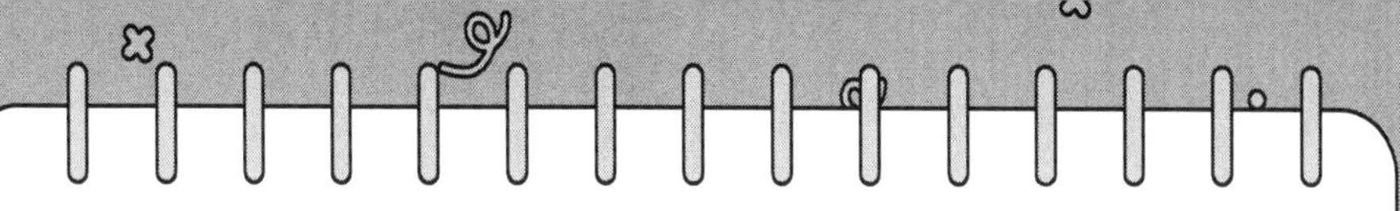

57문: 제4계명은 무엇인가요?

57답: 제4계명은 "안식일을 기억하여 거룩하게 지키라 엿새 동안은 힘써 네 모든 일을 행할 것이나 일곱째 날은 네 하나님 여호와의 안식일인즉 너나 네 아들이나 네 딸이나 네 남종이나 네 여종이나 네 가축이나 네 문안에 머무는 객이라도 아무 일도 하지 말라 이는 엿새 동안에 나 여호와가 하늘과 땅과 바다와 그 가운데 모든 것을 만들고 일곱째 날에 쉬었음이라 그러므로 나 여호와가 안식일을 복되게 하여 그 날을 거룩하게 하였느니라" 입니다.

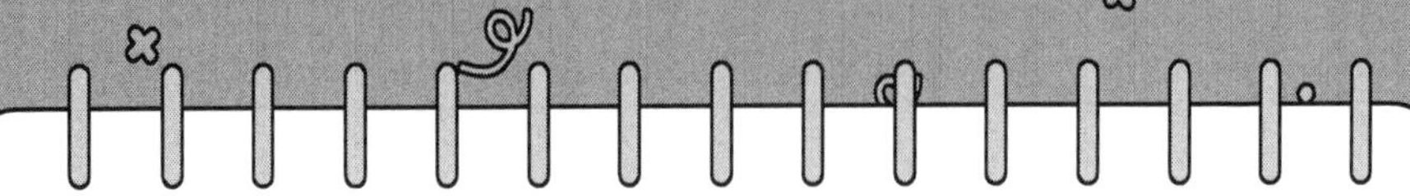

58문: 제4계명에서 요구하는 것은 무엇인가요?

58답: 제4계명에서 요구하는 것은 하나님이 말씀 중에 명하신 일정한 때를 하나님 앞에서 거룩히 지키는 것, 특별히 7일 중에 하루를 종일토록 하나님께 거룩한 안식일로 지키는 것입니다.

문답정리

(1) 제4계명은 하나님의 말씀 중에 명하신 일정한 때를 거룩하게 지키라는 계명이다.

(2) 특별히 칠일 중에 하루를 종일토록 거룩한 안식일로 지켜야 한다.

7. 안식일이 7일 단위로 돌아오는 것은 하나님의 창조사역과 관련이 있습니다. 하나님은 6일 동안 사역하시고 7일째에 안식하셨습니다. (창2:2) 하나님이 안식하셨다는 것은 어떤 의미가 있을까요? (사66:1, 신3:20)

⇨ 이사야서 말씀에 보면 세상이 하나님이 안식할 집으로 창조되었다. 이 집에는 하나님이 통치하시는 보좌가 있다. 하나님의 통치와 안식이 연결되고 있다. 신명기 말씀도 요단 저쪽에서 통치할 땅을 주신 것을 안식과 연결하고 있다. 하나님의 안식은 이 땅을 창조하시고 나서 하나님이 이 땅의 통치자가 되었다는 의미이다. 이 땅의 안식은 오직 하나님의 통치로만 가능하다.

8. 사람이 안식한다는 것은 그냥 아무것도 안하고 쉬는 것이 아닙니다. 직장을 잃은 사람이 안식할 수 없습니다. 사람의 참다운 안식은 어떻게 가능한가요?

⇨ 안식은 하나님의 통치 아래 있는 상태이다. 하나님의 통치에 순종하며 사는 사람이 참 안식을 누리며 살 수 있다.

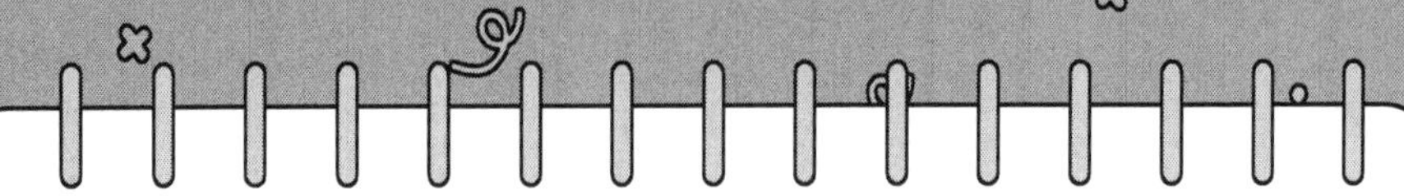

59문: 하나님께서 칠일 중에 어느 날을 안식일로 정하셨나요?

59답: 하나님은 세상 시작으로부터 그리스도의 부활까지는 한 주 중에 일곱째 날을 안식일로 정하셨고, 그 후 세상 끝날까지는 한 주 중에 첫날을 정하셨으니 이것이 그리스도인의 안식일(주일)입니다.

문답정리

(1) 하나님은 7일 중 아무 날이나 안식일로 정하지 않으셨다.

(2) 창조 때부터 예수님이 부활하시기 까지는 한주 중 일곱째 날을 안식일로 정하셨다.

(3) 예수님의 부활이후는 한주 중 첫날을 정하셨다.

9. 오늘날 우리가 지키는 주일은 구약의 안식일과 요일이 다릅니다. 안식일 다음날인 매주의 첫날입니다. 왜 우리는 구약의 안식일을 지키지 않고 주일을 안식일로 지키나요? (막16:2)

⇨ 오늘날 우리가 지키는 주일은 예수님이 부활하신 날이다. 죄를 가진 사람이 참된 안식을 누릴 수 없다. 예수님의 부활로 죄와 죽음의 문제가 해결되었다. 참된 안식을 가져오신 예수님의 부활을 기념하며 주일을 안식일로 지킨다.

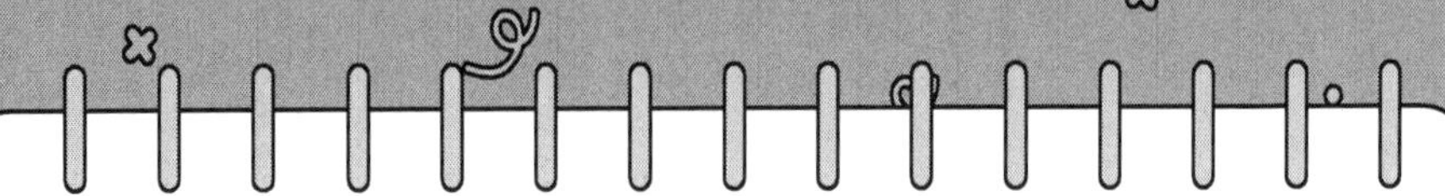

60문: 어떻게 안식일을 거룩하게 지켜야 하나요?

60답: 안식일을 거룩하게 지키기 위해서는 그날 종일 거룩하게 쉬어야 합니다. 다른 날에는 합법적인 여러 세상일과 오락까지 그치고 부득이한 일과 자비에 관한 일을 제외하고는 모든 시간을 공적으로나 개인적으로 예배에 사용해야 합니다.

문답정리

(1) 안식일은 거룩하게 지켜야 한다.

(2) 안식일에는 종일 거룩하게 쉬어야 한다.

(3) 다른 날에는 합법적인 여러 가지 세상일과 오락을 그쳐야 한다,

(4) 모든 시간을 공적으로, 사적으로 하나님을 예배하는 일에 사용해야 한다.

(5) 부득이한 일과 자비에 관한 일은 예외이다.

10. 교회에서 '주일성수'라는 말을 많이 사용합니다. 이 말이 때로
율법처럼 느끼질 때가 있습니다. 안식일을 거룩하게 지키는 것에
는 쉼과 예배가 함께 나와 있습니다. 나는 현재 어떠한 모습으로
주일성수를 하고 있나요? 가장 바람직한 모습은 무엇일까요?

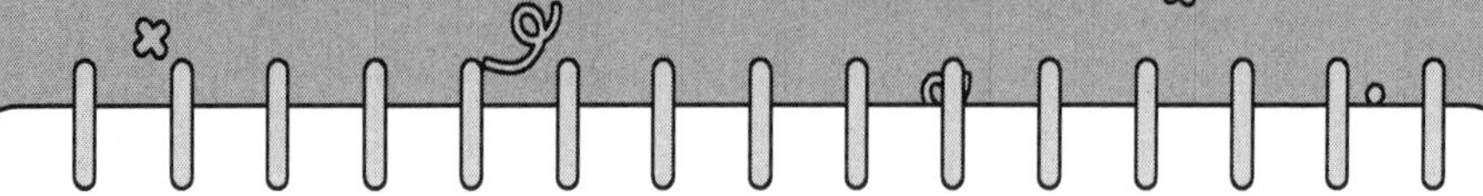

61문: 제4계명에서 금지하는 것이 무엇인가요?

61답: 제4계명에서 금지하는 것은 요구하신 의무를 지키는 것에 소홀하거나 부주의 하는 것과 나태함으로써 그 날을 모독하거나 죄가 되는 일을 하거나 세상의 여러 가지 일과 오락에 대한 불필요한 생각과 말과 행동을 하는 것입니다.

문답정리

(1) 제4계명이 금지하는 것이 있다.

(2) 첫째 계명을 지키는 일에 소홀하거나 부주의 하는 것이다.

(3) 둘째 나태함으로 그날을 모독 하는 것이다.

(4) 셋째 죄가 되는 일을 하는 것이다.

(5) 넷째 세상 일과 오락에 대한 불필요한 생각과 말과 행동을 하는 것이다.

11. 요즈음 주일을 어떻게 보내는지 한 번 생각해보겠습니다. 제 4계명에서 금지한 것들이 있지는 않은가요?

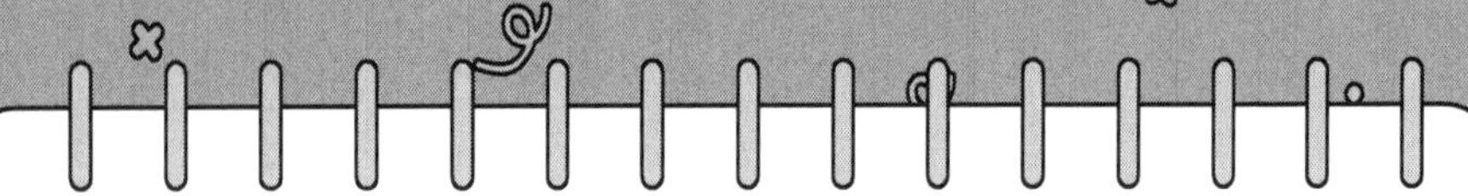

62문: 제4계명에서 부가된 이유들은 무엇인가요?

62답: 제4계명에서 부가된 이유들은 하나님이 우리의 일을 위하여 6일을 허락하시고, 제7일은 특별한 정당성을 주장하시고, 스스로 친히 모범을 보이시고, 안식일을 축복하신 것입니다.

문답정리

(1) 하나님이 제4계명을 지키라고 하신 이유가 있다.

(2) 첫째 하나님이 6일 동안은 우리의 일을 하라고 허락하시고 제7일은 하나님의 정당성을 주장하셨다.

(3) 둘째 하나님이 친히 모범을 보여주셨고, 안식일을 축복하셨다.

12. 주일을 온전하게 지키기 위해서 필요한 것이 있습니다. 무엇
인가요? (출20:9)

정리

† 이번 과에서 특별히 새로 알게 된 것이나 은혜를 받은 것이
있다면 이야기해 주세요.

† 이번 과를 배우면서 새롭게 결심한 것이 있다면 이야기 해
주세요.

† 암송구절

"58 네가 만일 이 책에 기록한 이 율법의 모든 말씀을 지켜
행하지 아니하고 네 하나님 여호와라 하는 영화롭고 두려운
이름을 경외하지 아니하면 59 여호와께서 네 재앙과 네 자손
의 재앙을 극렬하게 하시리니 그 재앙이 크고 오래고 그 질병
이 중하고 오랠 것이라" (신28:58-59)

MEMO

 하나님이 사람에게 요구하시는 의무

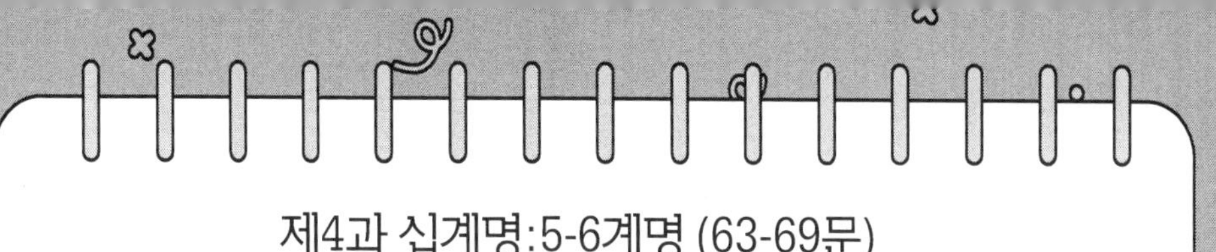

제4과 십계명:5-6계명 (63-69문)

63문: 제5계명은 무엇인가요?

63답: 제5계명은 "네 부모를 공경하라 그리하면 네 하나님 여호와가 네게 준 땅에서 네 생명이 길리라" 입니다.

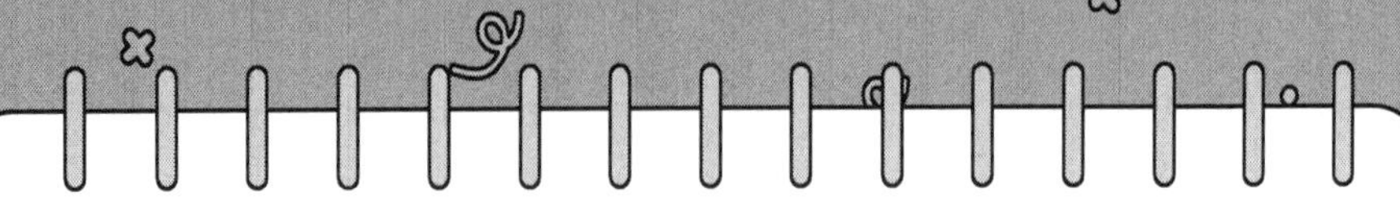

64문: 제5계명에서 요구하는 것은 무엇인가요?

64답: 제5계명에서 요구하는 것은 윗 사람이나 아랫 사람이나 동등한 관계에 있는 모든 사람에게 속한 지위와 관계 속에서 그 명예를 보존하고 의무들을 이행하는 것입니다.

문답정리

(1) 제5계명은 부모 공경에 관한 계명이다.

(2) 하지만 단순히 부모와의 관계만을 말하는 것이 아니다.

(3) 사람이 맺는 높고 낮고 동등한 관계들이 있다.

(4) 이 모든 관계 속에서 명예를 보존하고 해야 할 바를 해야 한다.

1. 소요리문답에서는 제5계명을 단순하게 부모에게 효도를 해야
한다는 말씀을 넘어 모든 인간관계에 대한 계명으로 설명합니다.
에베소서 5장과 6장에 보면 대표적인 3개의 인간관계가 나옵니
다.

　① 남편과 아내는 어떤 관계인가요? (엡5:22-25)

　② 부모와 자녀는 어떤 관계인가요? (엡6:1-4)

　③ 상전과 종은 어떤 관계인가요? (엡6:5-9)

　④ 모든 인간관계의 기본적인 원칙은 무엇인가요? (엡5:21)
⇨ 위에서 언급한 관계들에 대한 권면을 보면 모두 당시의 관점
에서 파격적이라는 것을 알 수 있다. 당시는 아내가 남편에게, 자
녀가 부모에게, 종이 상전에게 복종하는 것이 당연한 시대였다.
이것을 굳이 권면하지 않아도 된다. 이것은 이 관계들이 예수님
안에서 완전히 바뀌었다는 것을 보여준다. 한 쪽이 일방적으로
희생하는 관계가 아니라 피차 복종해야 하는 관계로 바뀌었다.
그 기준은 예수님이다.

2. 지금 살펴본 관계들을 하나씩 한 번 점검해보겠습니다. 요즈음 가정과 직장에서 사람들과의 관계가 어떤가요?

3. 제5계명이 모든 인간관계에 대한 계명이기도 하지만 특별히 부모 공경을 강조하고 있습니다. 모든 인간관계에서 부모와의 관계가 특별한 이유는 무엇인가요?

① 레19:3

⇨ 여기에 나오는 경외라는 말은 히브리어로 '야레'라는 말이다. 주로 하나님께 사용되는 단어이다. 하나님 외에 경외할 대상은 부모뿐이라는 것을 보여준다.

② 신27:15-16

⇨ 신 27:15-26에는 열두 가지 저주받을 행동이 나온다. 그 중 첫 번째가 우상숭배, 두 번째가 부모를 경홀히 여기는 것이다. 부모와의 관계가 하나님과의 관계와 계속 연결해서 나오고 있다. 부모는 자녀에게 하나님을 대신하는 사람이다. 부모는 자녀들에게 하나님을 보여주어야 하고, 자녀는 부모를 하나님을 섬기듯 섬겨야 한다.

　하나님이 사람에게 요구하시는 의무

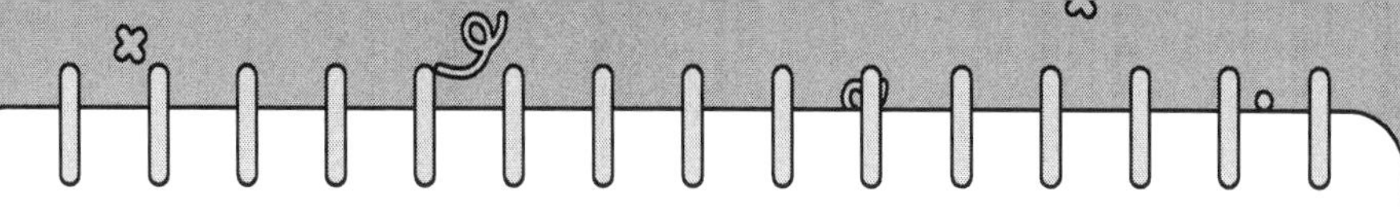

65문: 제5계명에서 금지하는 것은 무엇인가요?

65답: 제5계명에서 금지하는 것은 모든 사람들 간의 지위와 관계 속에서 그 명예와 의무를 무시하거나 그에 반하는 행동을 하는 것입니다.

문답정리

(1) 제5계명이 금지하는 것이 있다.

(2) 모든 사람들 간의 지위와 관계 속에서 그 명예와 의무를 무시하거나 그에 반하는 행동을 하는 것이다.

4. 성경에 보면 다른 사람에게 마땅히 해야 하는 것을 하지 않는 것에 대한 책망이 나와 있습니다.

① 잘못된 부모 공경의 모습은 어떤 것인가요? (마15:4-6)

⇨ 하나님께 드렸으니 더 이상 부모에게는 공경할 것이 없다고 하는 태도는 잘못된 것이다. 성경은 분명히 하나님과 부모에 대한 공경을 둘 다 이야기하고 있다.

② 잘못된 지도자들의 모습은 무엇인가요? (겔34:2-4)

⇨ 지도자들이 자신보다 연약한 사람을 돌보지 않고 오히려 억압하는 태도를 지적하고 있다.

     하나님이 사람에게 요구하시는 의무

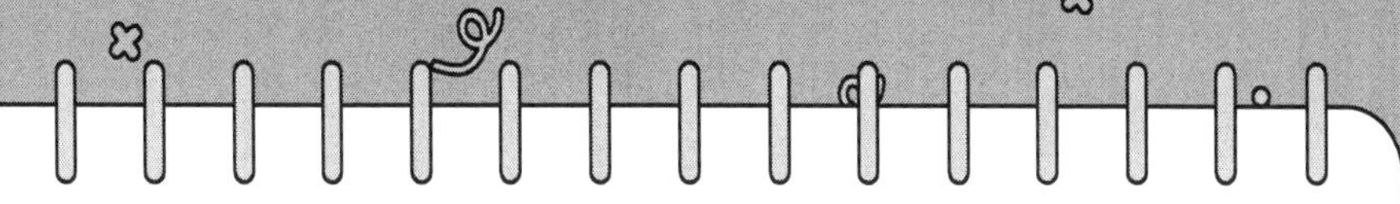

66문: 제5계명에서 부가된 이유들은 무엇인가요?

66답: 제5계명에서 부가된 이유들은 이 계명을 지키는 모든 자에게 하나님께 영광이 되고, 자기 자신들에게 좋은 것이 되는 한 장수하고 번영한다는 약속입니다.

문답정리1

(1) 제5계명을 지키는 자에게는 장수와 번영이 약속되었다

(2) 이 복은 제한이 있는데 하나님께 영광이 되고 사람들에게 좋은 것인 경우이다.

5. 장수하고 행복하게 잘 사는 것은 누구나 꿈꾸는 모습입니다.
세상은 이러한 삶을 누리기 위한 여러 가지 방법들을 제시합니다.
성경은 어떻게 이런 복을 누릴 수 있다고 말씀하나요? (엡6:2-3)

　하나님이 사람에게 요구하시는 의무

67문: 제6계명은 무엇인가요?

67답: 제6계명은 "살인하지 말라" 입니다.

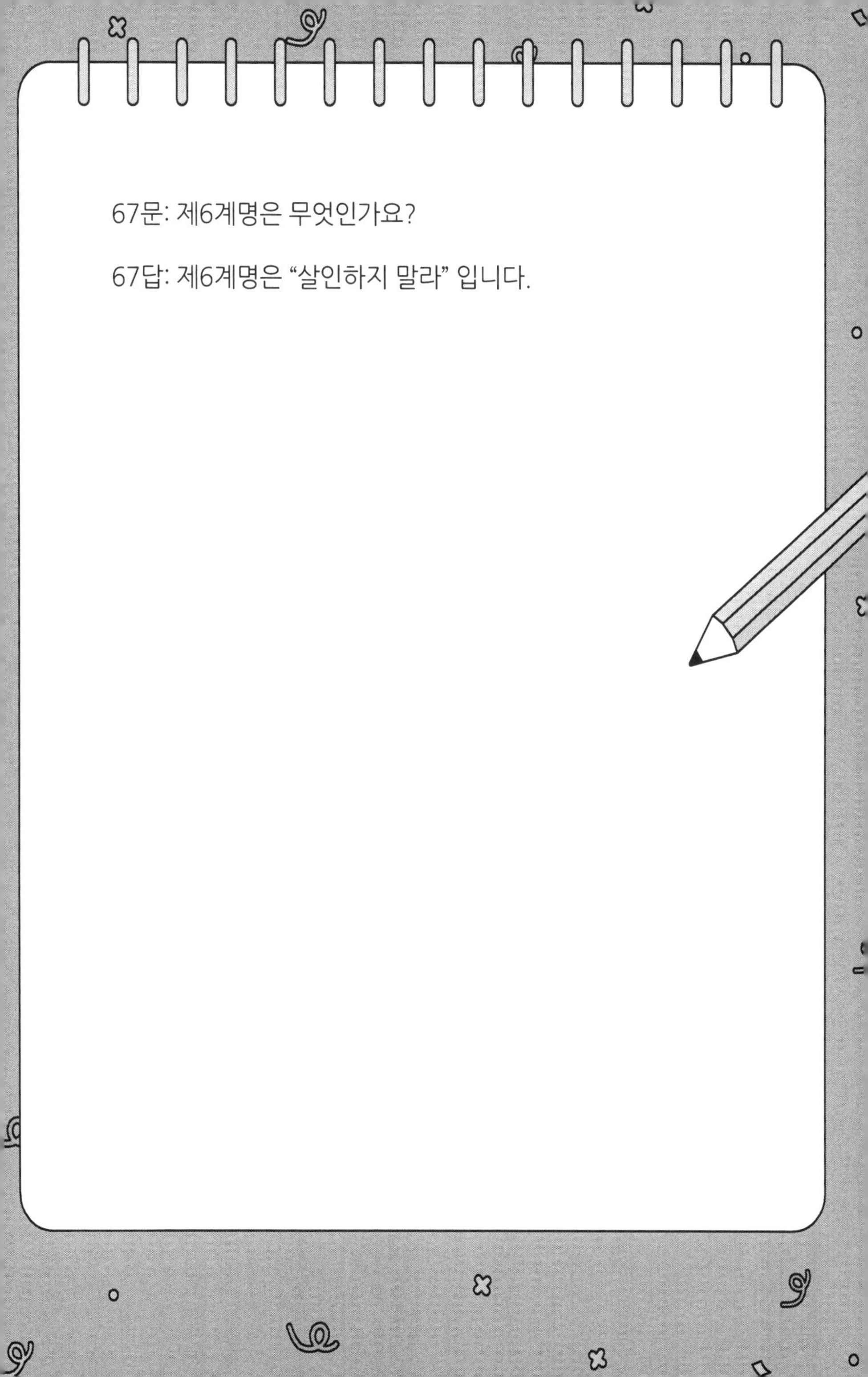

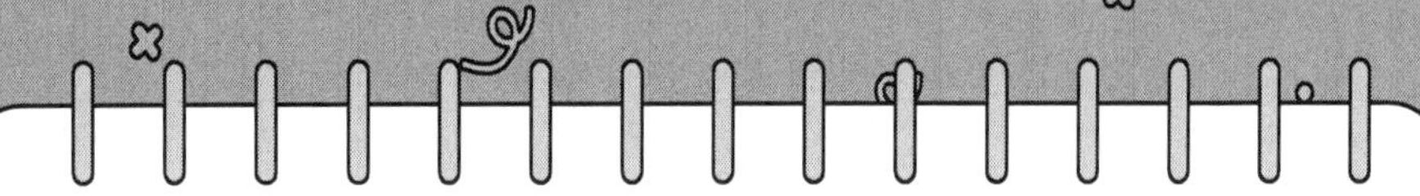

68문: 제6계명에서 요구하는 것은 무엇인가요?

68답: 제6계명에서 요구하는 것은 우리 자신의 생명과 남의 생명을 보호하는 모든 합법적인 노력입니다.

문답정리

(1) 제6계명은 생명보호에 대한 계명이다.

(2) 우리자신의 생명과 다른 사람의 생명을 보호하기 위해 합법적으로 노력해야 한다.

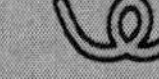

6. 다른 사람을 죽이는 일은 아주 심각한 죄입니다. 사람을 죽이는 일이 심각한 죄인 이유는 무엇인가요? (창9:6)

⇨ 사람은 하나님의 형상대도 지어졌다. 사람을 죽이는 일은 하나님과 특별한 관계 속에서 형상대로 지음 받은 존재를 죽이는 일이다.

7. 제6계명은 단순히 살인하지 말라는 명령을 넘어 적극적으로 다른 사람의 생명을 보호하는 것을 포함합니다. 사람이 죽음에 이르게 되는 여러 가지 요인들이 있습니다. 어떤 것이 있을까요? 생명을 보호하기 위해서 우리는 무엇을 할 수 있을까요?

⇨ 병, 각종 사고, 기아, 과로사 등 여러 가지가 있다. 이것들로부터 생명을 보호하기 위해서는 해야 하는 것들이 있다. 의료시스템을 만들고, 안전운전하고, 굶어죽는 사람이 없도록 사회안전망을 잘 만들어야 한다.

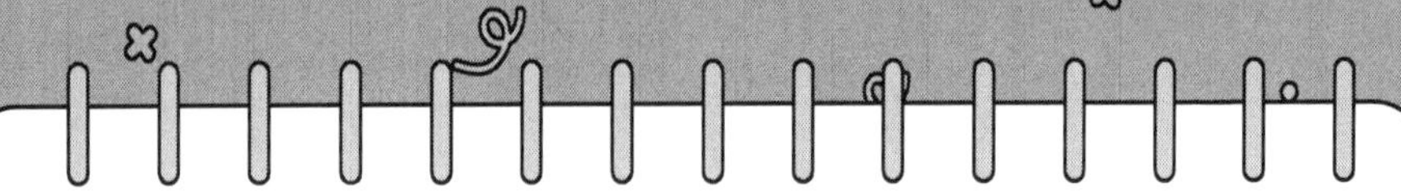

69문: 제6계명에서 금지하는 것은 무엇인가요?

69답: 제6계명에서 금지하는 것은 우리 자신의 생명이나 이웃의 생명을 불의하게 빼앗거나 거기에 이르는 모든 것입니다.

문답정리

(1) 제6계명이 금지하는 것이 있다.

(2) 첫째 불의하게 우리의 생명이나 이웃의 생명을 빼앗는 일이다.

(3) 둘째 죽음에 이르게 하는 모든 것들이다.

8. 우리나라의 자살율이 OECD 국가 중에서 1위라는 뉴스를 자주 보게 됩니다. 자살은 자신의 생명을 스스로 취하는 것입니다. 내 목숨 내 마음대로 하는데 뭐가 문제냐고 할 수도 있습니다. 자살이 죄인 이유는 무엇인가요? (고전6:19-20)

⇨ 우리의 몸은 성령의 전이다. 하나님이 값으로 사셨으니 내 것이 아니라 하나님의 것이다.

9. 사람을 직접 죽이지 않더라도 사람을 죽음에 이르게 하는 것도 하지 말아야 합니다. 다른 사람을 죽음에 이르게 하는 행동에는 어떤 것들이 있을까요? 이런 것들을 막기 위해서 무엇을 할 수 있을까요?

⇨ 요즈음은 많이 사회 문제되는 것들이 있다. 왕따, 뒷담화, 인터넷 악플 등이다.

† 이번 과에서 특별히 새로 알게 된 것이나 은혜를 받은 것이 있다면 이야기해 주세요.

† 이번 과를 배우면서 새롭게 결심한 것이 있다면 이야기 해 주세요.

† 암송구절

"19 너희 몸은 너희가 하나님께로부터 받은 바 너희 가운데 계신 성령의 전인 줄을 알지 못하느냐 너희는 너희 자신의 것이 아니라 20 값으로 산 것이 되었으니 그런즉 너희 몸으로 하나님께 영광을 돌리라" (고전6:19-20)

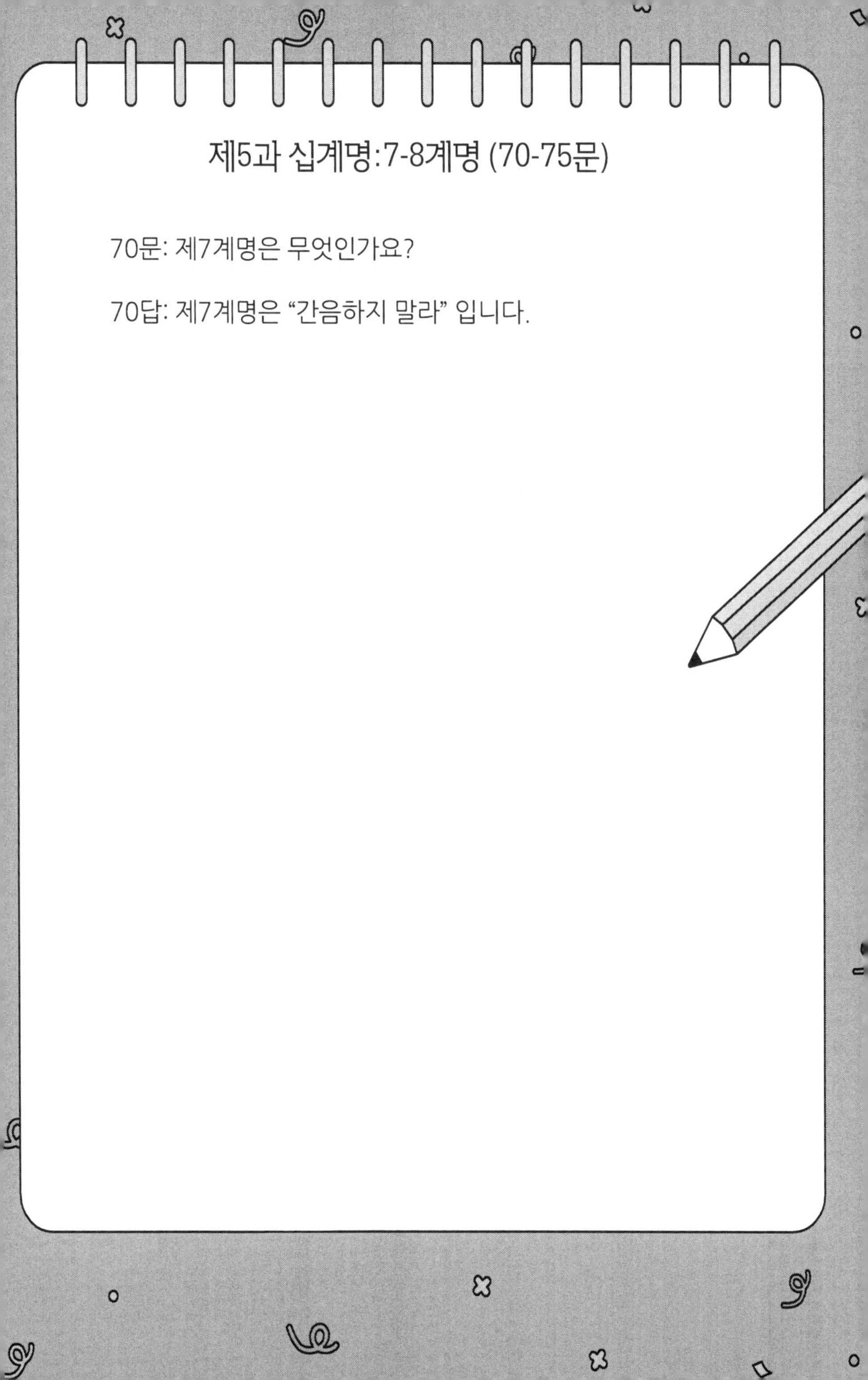

제5과 십계명:7-8계명 (70-75문)

70문: 제7계명은 무엇인가요?

70답: 제7계명은 "간음하지 말라" 입니다.

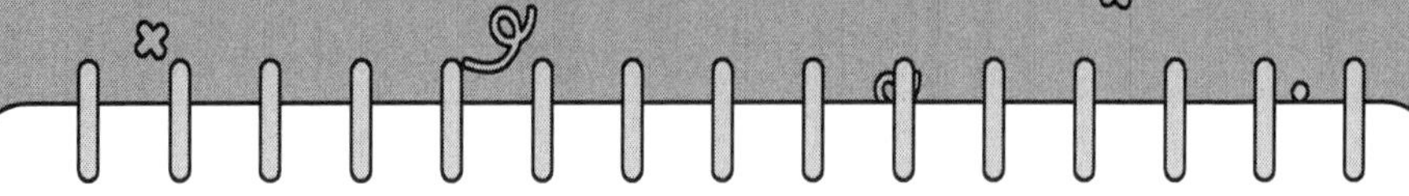

71문: 제7계명에서 요구하는 것은 무엇인가요?

71답: 제7계명에서 요구하는 것은 마음과 말과 행동에서 우리 자신과 이웃의 순결을 보존하는 것입니다.

문답정리

(1) 제7계명은 순결을 보존하라는 계명이다.

(2) 마음과 말과 행동에서 자신과 이웃의 순결을 보존해야 한다.

1. 사회가 점점 성 문제에 대하여 개방적으로 바뀌고 있습니다. 법적으로 보면 2015년에 간통죄가 위헌판결을 받으면서 폐지가 되었습니다. 간음죄는 결혼을 전제로 합니다. 성경은 결혼에 대하여 무엇이라고 말씀하나요? (창2:24, 히13:4)

⇨ 결혼은 하나님이 만드신 최초의 제도이다.

2. 간음죄에 대해서 내 성을 내 마음대로 사용하는데 뭐가 문제냐는 식의 반론을 하기도 합니다. 이러한 반론에 무엇이라고 답할 수 있을까요?

⇨ 자신의 순결을 지키지 못할 뿐만 아니라 다른 사람의 결혼과 가정도 파괴한다. 가정의 파괴는 사회의 가장 기본적인 질서를 무너뜨릴 뿐만 아니라 자녀들의 생명도 위협한다.

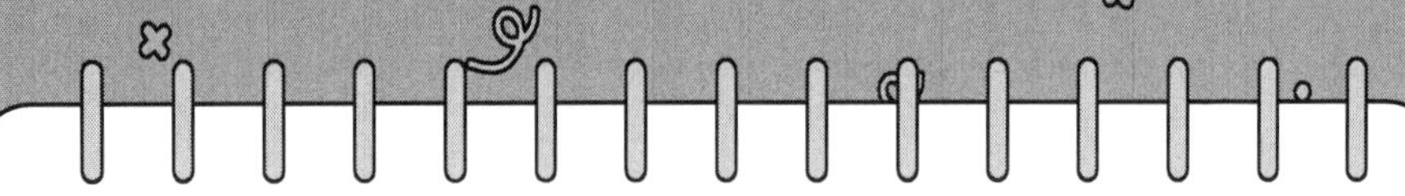

72문: 제7계명에서 금지하는 것은 무엇인가요?

72답: 제7계명에서 금지하는 것은 모든 순결하지 않은 생각과 말과 행동입니다.

문답정리

(1) 제7계명은 금지하는 것이 있다.

(2) 모든 순결하지 않은 생각과 말과 행동이다.

3. 예수님은 이 간음죄에 대하여 더 적극적으로 말씀하십니다. 예수님은 무엇이라고 하시나요? (마5:28)

4. 요즈음 세상은 성적으로 유혹하는 것이 너무나 많습니다. 어떤 것들이 있나요? 이런 유혹들 앞에서 어떻게 해야 할까요? (창39:12-13)

5. 최근 직장 내 성희롱이 많이 문제화되고 있습니다. 성희롱은 어떤 행동을 직접적으로 하지 않더라도 말로 상대방을 불쾌하게 하는 것도 포함이 됩니다. 성경은 이 말에 대해 무엇이라고 말씀하나요? (엡5:3-4)

⇒ 행동뿐만 아니라 말도 조심해야 한다.

73문: 제8계명은 무엇인가요?

73답: 제8계명은 "도둑질하지 말라" 입니다.

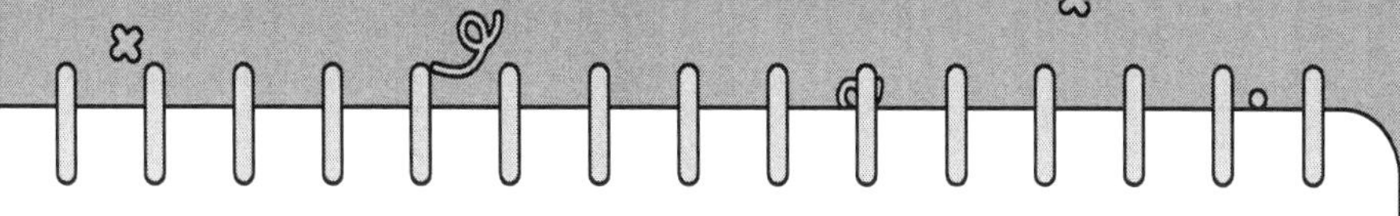

74문: 제8계명에서 요구하는 것은 무엇인가요?

74답: 제8계명에서 요구하는 것은 우리 자신과 다른 사람의 부와 재산을 합법적으로 얻고 늘리는 것입니다.

문답정리

(1) 제8계명은 부와 재산에 대한 계명이다.

(2) 자신과 다른 사람의 부와 재산을 합법적인 방법으로 얻고 늘려야 한다.

6. 부에 대한 이야기를 하기 위해서는 먼저 돈을 어떻게 봐야 하는지에 분명한 기준이 있어야 합니다. 돈에서 가장 중요한 것은 소유권이 누구에게 있느냐 입니다. 역대상 29장에 보면 다윗이 성전을 위한 재물을 바치면서 하는 기도가 나와 있습니다. 다윗은 무엇이라고 고백하나요?

①11절

⇨ 천지의 모든 것이 하나님의 것이다.

②12절

⇨ 부귀가 하나님께로부터 왔다.

③14절

⇨ 즐거운 마음으로 하나님께 드릴 수 있는 것은 모든 것이 주께로부터 왔다는 것을 알기 때문이다.

④16절

⇨ 분명히 자신들이 저축한 것이다. 하지만 이 모든 것이 하나님의 것이라고 고백한다.

     하나님이 사람에게 요구하시는 의무

7. 한 때 우리나라에 '부자 되세요'라는 인사가 유행한 적이 있습니다. 성경은 부자 되는 것 자체가 죄라고 말씀하지 않습니다. 다만 올바른 방법으로 부를 이루어야 합니다. 우리나라는 어떤가요? 많은 사람들이 올바른 방법으로 부를 이루고 있나요? 그렇지 않다고 생각한다면 그 이유가 무엇인가요?

⇨ 왜 부자가 되야 하는지에 대한 고민보다는 부자가 되는 것 자체가 목적이 되었다. 그러다보니 부자가 되기 위해서는 부정한 일도 서슴지 않는다.

8. 소요리문답에서 제8계명은 단순히 남의 물건을 훔치지 않는 것을 넘어 좀 더 적극적으로 다른 사람을 살펴야 한다는 것을 보여줍니다. 어떻게 해야 하나요? (엡4:28)

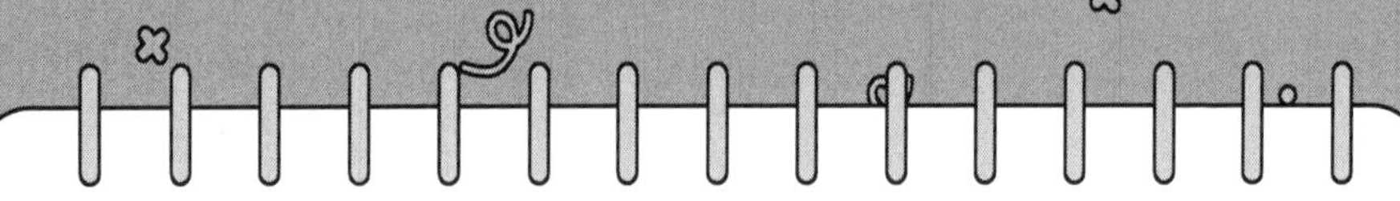

75문: 제8계명에서 금지하는 것은 무엇인가요?

75답: 제8계명에서 금지하는 것은 자신과 다른 사람의 부와 재산을 부당하게 방해하거나 방해하려는 모든 것입니다.

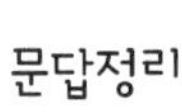

문답정리

(1) 제8계명에서 금지하는 것이 있다.

(2) 자신과 다른 사람의 부와 재산을 부당하게 방해하는 것이다.

9. 도둑질이라는 것은 단순히 남의 물건을 훔치는 것을 넘어 다른 사람에게 부당한 방법으로 손해를 끼치는 모든 것을 말합니다. 다음 성경 구절에 나와 있는 예를 한 번 살펴보겠습니다. 오늘날 부당한 방법으로 다른 사람에게 손해를 끼치는 일에는 어떤 것들이 있을까요?

　① 잠언 20:10

⇨ 저울추를 속이는 것, 요즘도 이런 일이 많다.

　② 사 5:8

⇨ 부동산 투기를 말한다. 부동산 투기는 나 혼자 재산을 늘리는 것을 넘어 다른 사람이 집을 갖지 못하도록 하는 것이다.

10. 남에게 손해를 끼치지 않는 삶을 살기 위해 필요한 삶의 태도가 있습니다. 무엇인가요? (살후 3:10-12)

정리

† 이번 과에서 특별히 새로 알게 된 것이나 은혜를 받은 것이 있다면 이야기해 주세요.

† 이번 과를 배우면서 새롭게 결심한 것이 있다면 이야기 해 주세요.

† 암송구절

"28 나는 너희에게 이르노니 음욕을 품고 여자를 보는 자마다 마음에 이미 간음하였느니라" (마5:28)

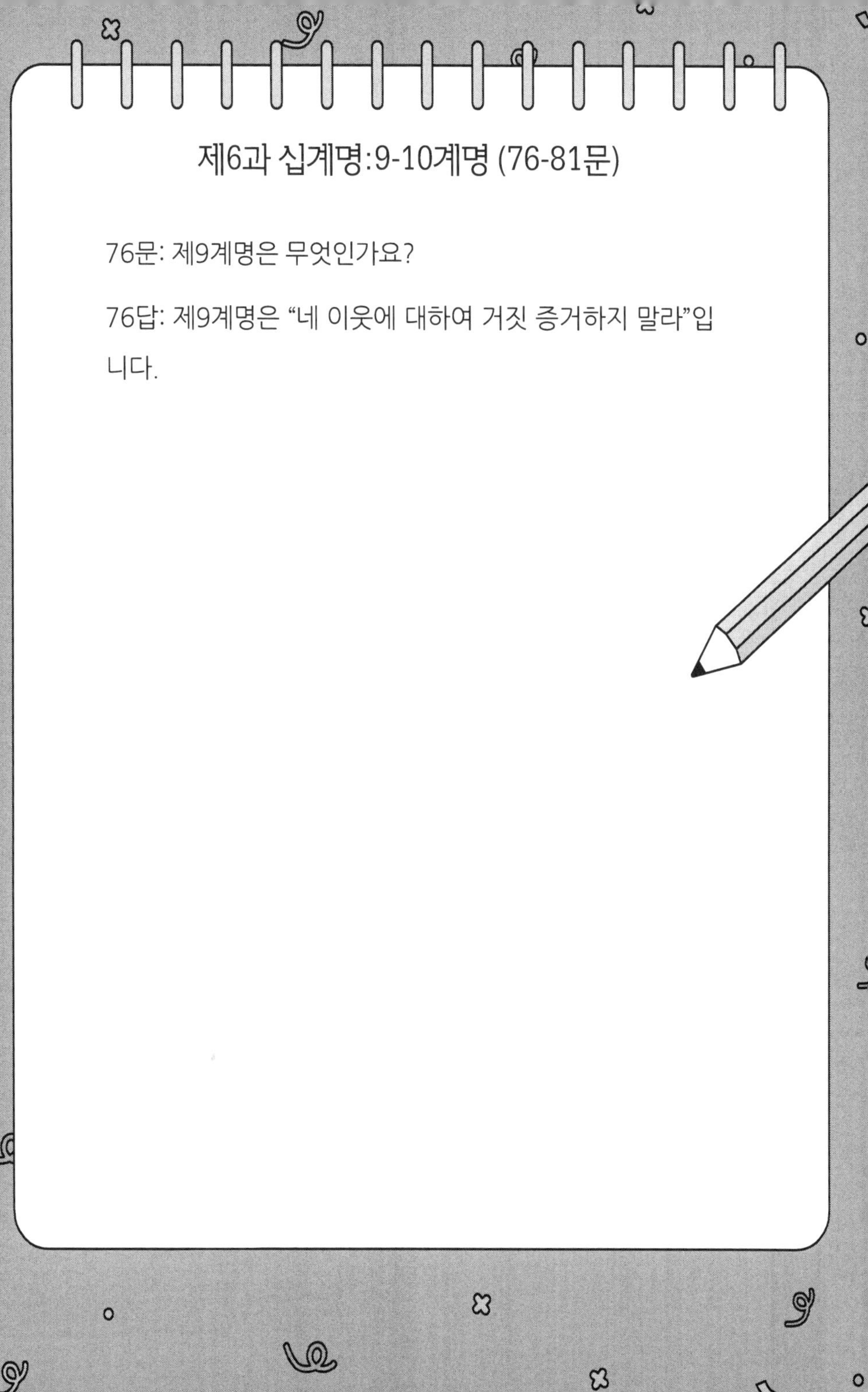

76문: 제9계명은 무엇인가요?

76답: 제9계명은 "네 이웃에 대하여 거짓 증거하지 말라"입니다.

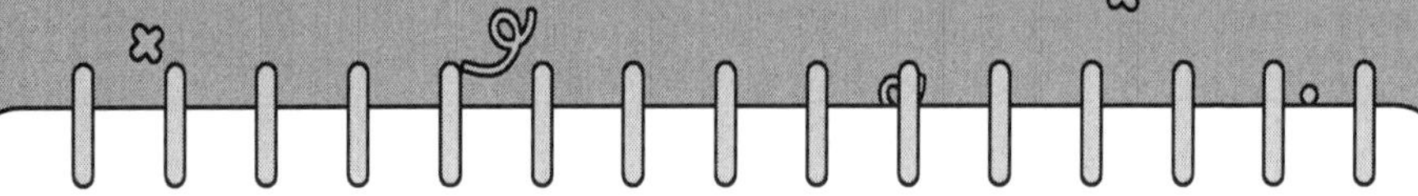

77문: 제9계명에서 요구하는 것은 무엇인가요?

77답: 제9계명에서 요구하는 것은 특히 증거할 때에 사람 사이의 진실함과 우리 자신과 이웃의 명성을 유지하고 증진키시는 것입니다.

문답정리

(1) 제9계명은 진실한 삶에 대한 계명이다.

(2) 사람사이에 진실해야 하고 서로의 명성을 유지하고 증진시켜야 한다.

(3) 특히 법정에서 증언할 때 더욱 그렇게 해야 한다.

1. 2017년 교육방송에서 방영한 '거짓말' 이라는 다큐멘터리에서 20대~40대까지 다양한 직업군에 종사하는 10명에게 하루 중 자신이 한 거짓말의 구체적 내용과 상황, 느낌을 적는 '거짓말 일기'를 쓰게 했습니다. 그랬더니 하루 평균 3번 거짓말을 한다는 결과가 나왔습니다. 어떤 실험에서는 의례적으로 하는 말까지 포함하면 하루 평균 200번의 거짓말을 한다는 결과가 나오기도 했습니다. 사람들은 왜 거짓말을 할까요?

2. 성경은 거짓말의 원천에 대해서 말씀합니다. 거짓말은 어디에서 나오나요? (요8:44)

3. 제9계명은 거짓말을 법정용어를 사용해서 말하고 있습니다. 이것과 관련해서 거짓말이 심각한 죄인 이유는 무엇인가요? (눅 24:46-48)

⇨ 성경은 복음을 전하는 것 역시 증언이라고 말하고 있다. 평소에 거짓말을 하고 다니면 그 사람이 하는 복음에 대한 증언을 누가 믿겠는가?

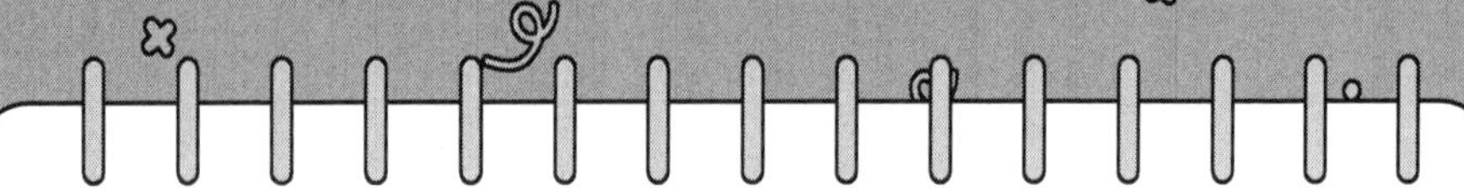

78문: 제9계명에서 금지하는 것은 무엇인가요?

78답: 제9계명에서 금지하는 것은 무엇이든지 진실을 왜곡하거나 우리 자신과 이웃의 명성에 상처 내는 일입니다.

문답정리

(1) 제9계명이 금지하는 것이 있다.

(2) 첫째 무엇이든지 진실을 왜곡하는 것이다.

(3) 둘째 자신과 이웃의 명성에 상처를 입히는 것이다.

4. 거짓말은 심각할 경우 다른 사람의 목숨을 빼앗기도 합니다.
어떤 경우인지 성경에서 확인해보겠습니다. (왕상21:13)

⇨ 죄가 없는 사람을 거짓 증언으로 유죄로 몰아 죽이고 있다. 우
리나라에서도 보면 권력에 의한 각종 조작 사건들이 많았다.

5. 요즈음은 각종 통신기기의 발달로 어떤 사건이나 말이 전파되
는 속도가 굉장히 빨라졌습니다. 그러다보니 가짜 뉴스와 사람에
대한 악의적인 소문도 순식간에 퍼집니다.

　① 자신이 봤던 가짜 뉴스가 있나요?

　② 다른 사람에 대해 안 좋은 이야기를 하는 모임에 같이 있을
경우 어떻게 해야 할까요?

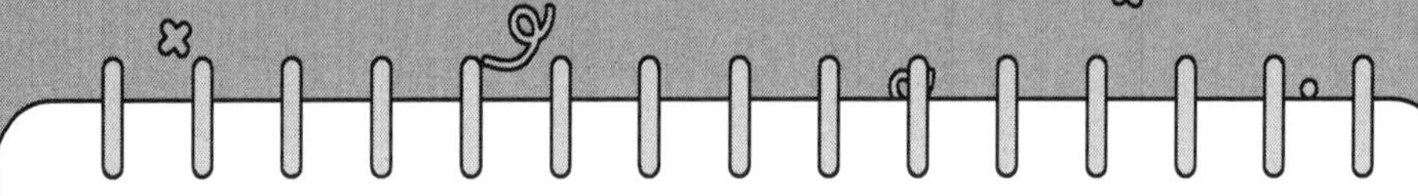

79문: 제10계명은 무엇인가요?

79답: 제10계명은 "네 이웃의 집을 탐내지 말라 네 이웃의 아내나 그의 남종이나 그의 여종이나 그의 소나 그의 나귀나 무릇 네 이웃의 소유를 탐내지 말라" 입니다.

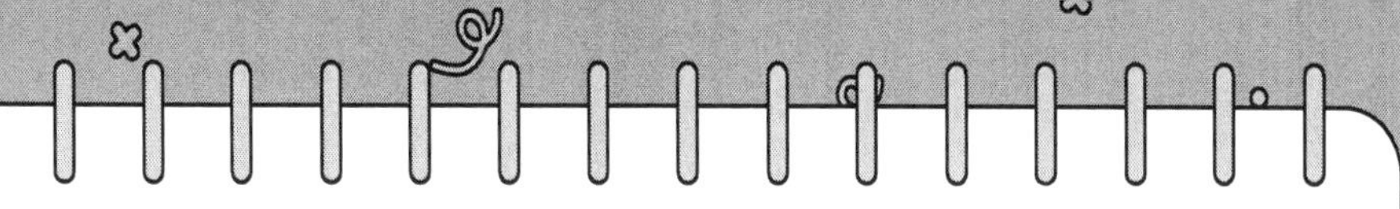

80문: 제10계명에서 요구하는 것은 무엇인가요?

80답: 제10계명에서 요구하는 것은 우리 자신의 형편을 충분히 만족하게 여기고 이웃과 그의 모든 것에 대하여 올바르고 자비로운 마음을 품는 것입니다.

문답정리

(1) 제10계명은 스스로 만족하는 삶을 살라는 계명이다.

(2) 이웃과 그의 소유에 대해서는 올바르고 자비로운 마음을 품어야 한다.

6. 성경은 자족하는 삶에 대하여 말씀합니다. (딤전 6:6) 우리가 어떻게 자족하는 삶을 살 수 있을까요? (빌4:11-13)

⇨ 자족할 수 있는 비결은 능력주시는 자 안에서 모든 것을 할 수 있기 때문이다. 이 말이 내가 기도하면 모든지 할 수 있다는 기복주의를 말하는 것이 아니다. 하나님을 의지하는 사람의 삶을 이야기 하는 것이다. 하나님을 의지하는 사람이 자족하는 삶을 살 수 있다.

7. 송명희 시인의 '나'라는 시입니다. 시를 읽고서 느낀 점을 이야기해보세요.

나 가진 재물 없으나

나 남이 가진 지식 없으나

나 남에게 있는 건강 있지 않으나

나 남이 없는 것 있으니

나 남이 못 본 것을 보았고

나 남이 듣지 못한 음성 들었고

나 남이 받지 못한 사랑 받았고

나 남이 모르는 것 깨달았네

공평하신 하나님이

나 남이 가진 것 나 없지만

　하나님이 사람에게 요구하시는 의무

공평하신 하나님이

나 남이 없는 것 갖게 하셨네

8. 탐심은 심각한 죄의 원천이 됩니다. 다음의 성경구절을 한 번 찾아보겠습니다.

　① 창3:6

⇨ 사람의 첫 번째 죄가 바로 이 탐심에서 나왔다.

　② 수7:21

⇨ 한 사람의 탐심이 이스라엘 백성이 전쟁에서 패배하는 결과를 낳았다.

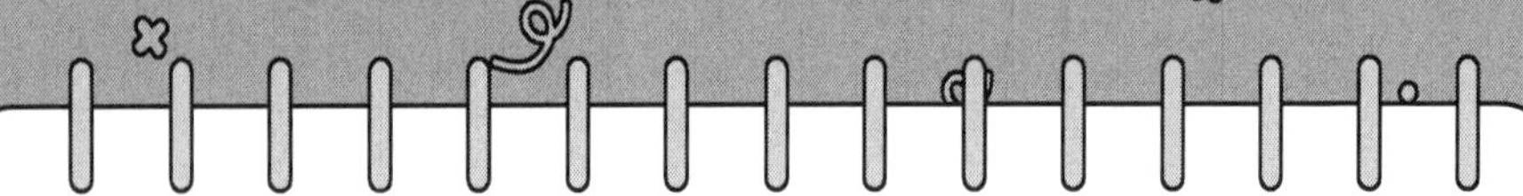

81문: 제10계명에서 금지하는 것은 무엇인가요?

81답: 제10계명에서 금지하는 것은 우리 자신의 형편에 대한 모든 불만과 이웃의 소유를 시기하거나 배 아파 하는 것과, 이웃에게 속한 어떤 물건에 대해서든지 과도하게 행동하는 것과 애착을 갖는 것입니다.

문답정리

(1) 제10계명이 금지하는 것이 있다.

(2) 첫째 자신의 형편에 대한 모든 불만이다.

(3) 둘째 이웃의 소유를 시기하거나 배 아파 하는 것이다.

(4) 셋째 이웃의 소유에 대하여 과도하게 행동하고 애착을 갖는 것이다.

9. 사촌이 땅을 사면 배가 아프다는 속담이 있습니다. 다른 사람이 슬픈 일을 당하면 쉽게 공감하지만 좋은 일이 생겼을 때 함께 기뻐하기는 힘든 것이 사람의 악한 모습 중 하나입니다. 여러분은 어떤가요? 성경은 무엇이라고 말씀하나요? (롬12:15)

정리

† 이번 과에서 특별히 새로 알게 된 것이나 은혜를 받은 것이 있다면 이야기해 주세요.

† 이번 과를 배우면서 새롭게 결심한 것이 있다면 이야기 해 주세요.

† 암송구절
"6 그러나 자족하는 마음이 있으면 경건은 큰 이익이 되느니라" (딤전6:6)

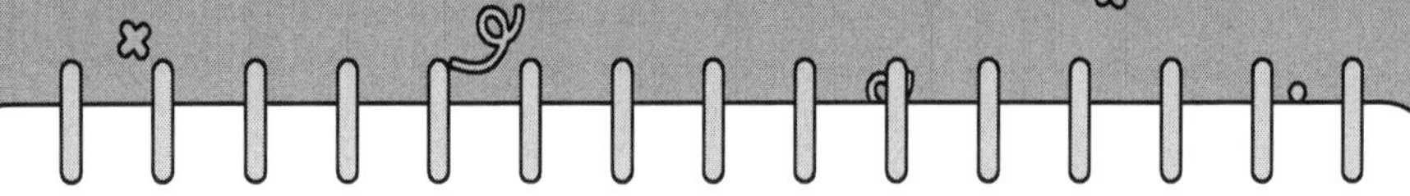

제7과 죄의 심각성 (82-84문)

82문: 하나님의 계명을 완전히 지킬 수 있는 사람이 있나요?

82답: 타락한 이후 사람은 이생에서 하나님의 계명을 완벽하게 지킬 수 없고, 오히려 날마다 생각과 말과 행동으로 그 계명을 어깁니다.

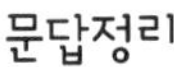

문답정리

(1) 하나님은 사람에게 계명을 주셨다.

(2) 사람은 타락 이후에 하나님의 계명을 완벽하게 지킬 수 없다.

(3) 오히려 생각, 말, 행동으로 날마다 하나님의 계명을 어긴다.

1. 우리는 앞에서 십계명을 배웠습니다. 다시 한 번 배웠던 십계
명의 말씀을 생각해보겠습니다. 겨우 10개의 계명입니다. 우리
는 매일 매일 살면서 십계명의 말씀을 완벽하게 지키며 살고 있
나요? 지난 일주일 동안의 삶을 한 번 돌아보겠습니다. 특히 어떤
계명을 지키기가 어려웠나요?

2. 구약성경에 보면 인간의 죄에 대한 하나님의 무서운 심판이 기
록되어 있습니다. 하나님이 심판하실 때 어떤 상황이었나요?
  ① 창6:5
⇨ 노아의 홍수 때의 모습니다.

  ② 창19:5, 8
⇨ 소돔과 고모라가 멸망할 때의 모습이다.

3. 음식을 만들 때 아무리 좋은 양념이 있고, 요리를 잘 해도 상한
재료로 만들면 그 음식은 제대로 된 맛을 낼 수 없습니다. 성경은
타락한 이후 인간에 대해서 무엇이라고 말씀하나요? (전7:20, 롬
3:9-18, 23)

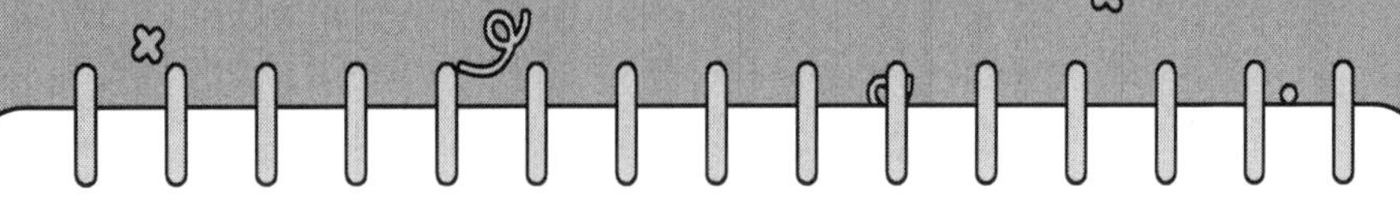

83문: 율법을 범한 모든 죄는 똑같은 정도로 가증스럽나요?

83답: 어떤 죄는 그 자체로 또한 여러 가지 악화시키는 이유 때문에 하나님이 보시기에 다른 죄보다 더 가증스럽습니다.

문답정리

(1) 사람은 다 율법을 범하는 죄를 짓는다.

(2) 그 중 어떤 죄는 여러 가지 이유로 다른 죄보다 더 가증스럽다.

4. 선거 때 보면 뽑을 만한 사람이 없다는 말을 하는 사람에게 이런 이야기를 합니다. '최선이 아니면 차선을 선택하고, 차선도 없으면 최악이 아니라 차악을 선택해라.' 민주 시민에게 주어진 소중한 투표의 권리를 결코 포기하지 말라는 당부입니다.

사람은 전혀 죄를 짓지 않고 완벽하게 율법을 지키면서 살 수 없습니다. 이 말이 어차피 죄를 지을 수밖에 없으니 멋대로 살라는 말이 아닙니다. 완벽하게 지킬 수는 없어도 최선을 다해 지켜야 합니다. 더 악한 일을 하지 않도록 조심해야 합니다. 이런 면에서 성경은 다른 죄 보다 더 가중한 죄가 있다고 말씀합니다. 무엇이라고 하나요? (겔8:6,13,15)

⇨ 죄는 다 가중한 것이다. 하지만 반복해서 더 가중한 일이 있다고 말씀하신다.

5. 더 가중한 죄가 무엇인가에 대하여는 여러 가지로 이야기할 수 있습니다. 그 중 먼저 그 죄를 범하는 사람이 누구냐에 따라 죄의 경중이 달라지기도 합니다. 다음의 성경 구절을 살펴보겠습니다. 어떤 사람의 죄가 더 심각하나요?

　① 눅12:47-48

⇨ 많이 받고 많이 맡은 자가 더 책임이 있다. 그러기에 이런 사람의 죄가 더 심각하다.

② 약3:1

⇨ 지도자가 된 사람들, 신앙이 오래되어 많이 아는 사람들은 더 조심해야 한다.

6. 잘못을 누가 하느냐도 따져야 하지만 누구에게 잘못을 하느냐도 생각해봐야 합니다. 다음의 구절을 살펴보겠습니다. (롬14:1-3, 15)

⇨ 교회에는 여러 가지 면에서 믿음이 연약한 사람들이 있다. 이 사람들을 대할 때는 더욱 조심해야 한다.

7. 하나님께 예배를 드리고, 기도를 하고, 금식을 하는 것은 귀한 일입니다. 하지만 이러한 것들이 그냥 종교행위로 그칠 수도 있습니다. 아니 더 심한 죄를 가져올 수 있습니다. 어떤 경우인가요? (사58:3-4)

⇨ 종교행위를 하면서 동시에 악을 행하는 것이다.

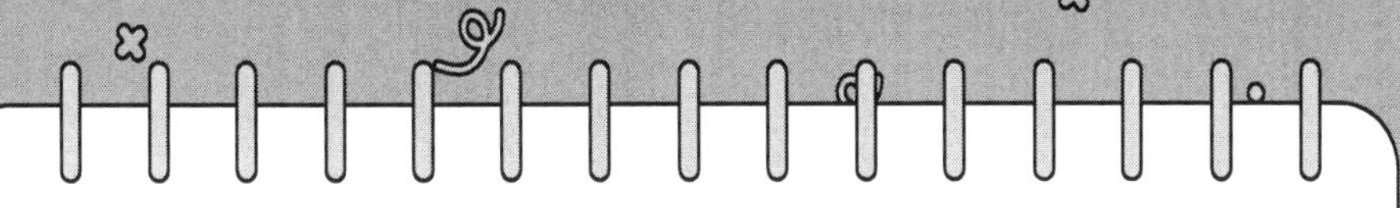

84문: 모든 죄는 마땅히 무슨 대가를 받아야 하나요?

84답: 모든 죄는 이생과 오는 생에서 하나님의 진노와 저주를 받아 마땅합니다.

문답정리

(1) 모든 죄는 죄에 대한 대가를 받아야 한다.

(2) 이 대가는 이생과 오는 생에서 하나님의 진노와 저주를 받는 것이다.

8. 하나님은 공의로우신 분이십니다. 죄에는 반드시 대가가 있습니다. 우리는 앞서 노아 시대 사람들의 범죄와 소돔 사람들의 범죄를 보았습니다. 이들의 죄에 대한 하나님의 심판은 무엇이었나요?

① 창6:7

② 창19:24-25

9. 하나님의 진노와 저주는 우리가 사는 지금 이 세상에서 끝나지 않습니다. 성경은 무엇이라고 말씀하나요?

① 히9:27

② 마25:41

† 이번 과에서 특별히 새로 알게 된 것이나 은혜를 받은 것이 있다면 이야기해 주세요.

† 이번 과를 배우면서 새롭게 결심한 것이 있다면 이야기 해 주세요.

† 암송구절

"27 한번 죽는 것은 사람에게 정해진 것이요 그 후에는 심판이 있으리니" (히9:27)

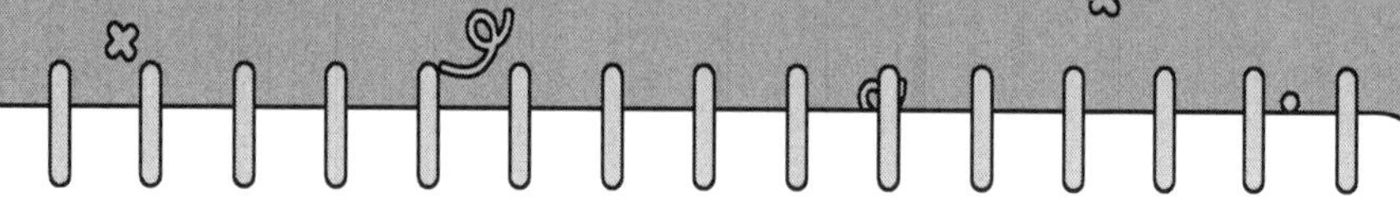

제8과 하나님의 진노를 피하는 법 (85-87문)

85문: 하나님께서 죄로 인해 우리가 받아야 하는 진노와 저주를 피하도록 우리에게 요구하시는 것은 무엇인가요?

85답: 우리가 죄로 인해 받아야 하는 하나님의 진노와 저주에서 피하도록 하나님께서 우리에게 요구하시는 것은 예수 그리스도에 대한 믿음과 생명에 이르는 회개와 그리스도가 우리에게 구속의 유익을 전달하시는 모든 외적인 수단을 부지런히 사용하는 것입니다.

문답정리

(1) 사람은 죄 때문에 하나님의 진노와 저주를 받는다.

(2) 하나님이 우리가 이 진노와 저주를 피하도록 요구하시는 것이 있다.

(3) 하나님이 요구하시는 것은 첫째 예수 그리스도에 대한 믿음이다.

(4) 둘째 생명에 이르는 회개이다.

(5) 셋째 그리스도가 우리에게 구속의 유익을 전달하시는 외적인 수단들을 부지런히 사용하는 것이다.

1. 사면초가라는 말이 있습니다. 말 그대로의 뜻은 동서남북 사방에서 들리는 초나라의 노래라는 뜻입니다. 한나라의 포위를 받던 초나라의 항우가 한나라 진영 사면에서 초나라 노래가 들리는 것을 듣고 자신의 군사들이 많이 항복했다고 생각한 것에서 유래한 말입니다. 어떤 도움도 받지 못하고 곤란한 지경에 있는 상태를 말합니다.

죄로 인해 하나님의 진노와 저주에 있는 인간의 모습을 보면 사면초가입니다. 창조주의 진노 앞에 피조물인 인간은 절망할 수밖에 없습니다. 인간의 힘으로는 이 상황에서 벗어날 수 없습니다. 어떻게 이 절망에서 벗어날 수 있나요? (엡2:4-5)

⇨ 우리가 스스로 벗어날 방법이 없다. 하나님의 사랑이 시작이다.

2. 아담과 하와가 범죄 한 후 하나님의 심판을 받고 결국 에덴동산에서도 쫓겨납니다. 하지만 이 심판 가운데에서도 하나님은 은혜를 거두지 않으셨습니다.

① 범죄 한 사람에 대한 하나님의 심판은 무엇인가요? (창3:19하)

⇨ 죽음의 심판

② 아담은 아내의 이름을 '하와'라고 짓습니다. '하와'는 생명이라는 뜻입니다. 이것은 무엇을 의미하나요? (창3:20)

⇨ 하나님의 심판 중에도 인간은 계속 이 땅에서 살아간다.

③ 하나님은 아담과 하와에게 무엇을 주셨나요? (창3:21)

⇨ 아담과 하와가 만든 나뭇잎 옷은 인간의 노력을 상징한다. 인간의 노력은 아무런 소용이 없다. 하나님이 새로운 옷을 주셔야 한다. 그런데 이 옷은 가죽옷이다. 누군가의 죽음이 전제되어 있다.

     하나님이 사람에게 요구하시는 의무

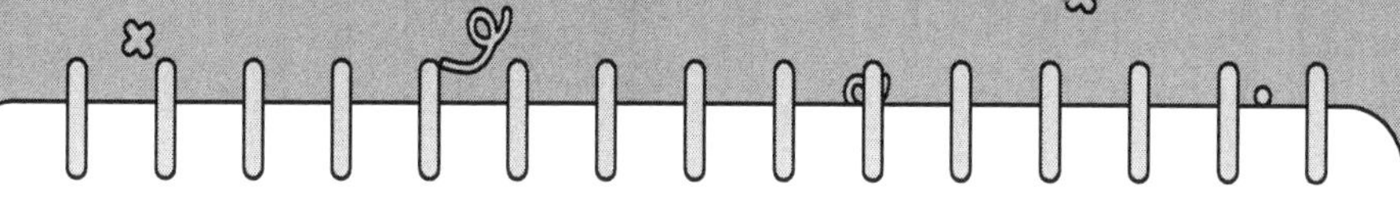

86문: 예수 그리스도를 믿는 믿음은 무엇인가요?

86답: 예수 그리스도를 믿는 믿음은 구원의 은혜인데, 이를 통해 그가 복음 안에서 우리에게 제시된 대로 구원을 위해 우리가 예수님을 받아들이고 의지하는 것입니다.

문답정리

(1) 하나님의 진노와 저주를 피하기 위해 하나님은 우리에게 믿음을 요구하신다.

(2) 믿음은 구원의 은혜이다.

(3) 예수님은 복음 안에서 우리에게 제시된다.

(4) 우리가 예수님을 받아들이고 의지하여 구원을 받는다.

3. 우리는 이미 구원을 받는 믿음에 대해서 1부에서 살펴본적이 있습니다. 중요한 지점이니 다시 한 번 생각해보겠습니다. 구원은 행위로 받는 것이 아니라 믿음으로 받습니다. 이 말이 구원은 '믿는다'는 행위로 받는다는 말은 아닙니다. 구원에서 행위와 믿음과 은혜는 어떤 관계일까요? (엡2:8-9)

⇒ 우리는 예수님을 믿기 전에 이미 죽은 사람들이다. 죽은 사람은 어떠한 행위도 할 수 없다. 믿는 행위조차 할 수 없다. '그 은혜에 의하여'가 나온다. 구원은 오직 하나님의 은혜이다. 이 사실을 깨닫게 되는 것은 사람이 믿는 순간이다. 은혜로 받은 구원을 믿음으로 말미암아 알게 된다. 그래서 소요리문답에서도 믿음을 구원의 은혜라고 말하고 있다.

 하나님이 사람에게 요구하시는 의무

4. 사과는 위에서 아래도 떨어집니다. 만유인력의 법칙입니다.
우리는 만유인력의 법칙을 믿습니다. 사실에 대한 믿음입니다.
그런데 구원에 이르게 하는 믿음은 이런 믿음이 아닙니다.
다음의 성경구절을 찾아보겠습니다.

 ① 약2:19

⇨ 귀신들도 하나님을 알고 예수님을 믿는다. 이것은 그냥 사실
에 대한 믿음일 뿐이다.

 ② 요1:12

⇨ 정말로 예수님을 믿는 것은 예수님을 받아들이고 의지하는 것
이다.

5. 교회 안에 반지성주의가 있는 경우가 있습니다. 지식보다 믿
음이 더 중요하다고 하면서 지식을 무시합니다. 이런 생각은 맹
목적 믿음을 낳을 수 있습니다. 성경은 무엇이라고 말씀하나요?
(롬10:17)

⇨ 믿음은 오직 말씀을 통해서만 가능하다. 참된 지식은 믿음을
더욱 성장시키고 강화시킨다.

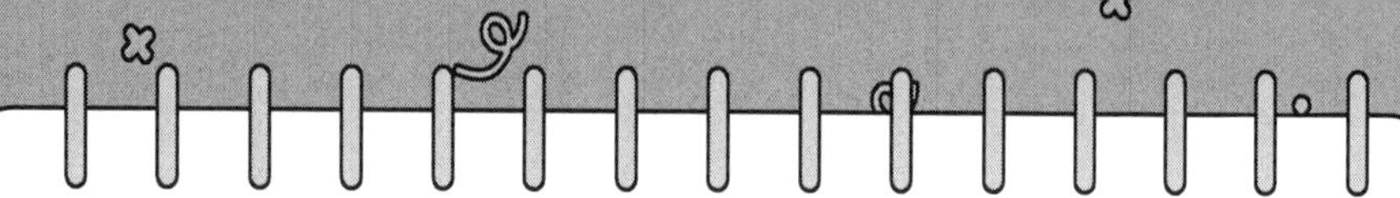

87문: 생명에 이르는 회개는 무엇인가요?

87답: 생명에 이르는 회개는 구원의 은혜인데 이를 통해 죄인이 자기 죄에 대한 참된 인식과 그리스도 안에서 하나님의 자비를 깨달아 자기 죄를 아파하고 미워하며 새로운 순종이라는 온전한 목적을 위해 노력하면서 죄에서 돌이켜 하나님께로 향하는 것입니다.

문답정리

(1) 하나님의 진노와 저주를 피하기 위해 하나님은 우리에게 회개를 요구하신다.

(2) 회개는 구원의 은혜이다.

(3) 회개는 첫째 자기 죄를 아파하고 미워하는 것이다.

(4) 이것은 자기 죄에 대한 참된 인식과 그리스도 안에서 하나님의 자비를 깨달을 때 이루어진다.

(5) 둘째 죄에서 돌이켜 하나님께 향하는 것이다.

(6) 이것을 위해 새로운 순종이라는 온전한 목표를 위해 노력해야 한다.

6. '회개'라는 말을 사전에서 찾아보면 '죄나 잘못을 뉘우치고 마음을 고쳐먹음'이라고 정의합니다. 이렇게 보면 회개의 주체는 회개하는 당사자입니다. 그런데 소요리문답은 회개도 구원의 은혜라고 합니다. 어떤 의미일까요? (행11:18)

⇨ 회개도 하나님이 주시는 하나님의 은혜이다.

7. 회개는 먼저 자신의 죄의 모습을 깨닫고 그것을 아파하고 미워하는 것으로 시작합니다. 성경은 죄의 모습에 대해서 어떻게 말씀하시나요? 이 모습과 자신의 모습이 겹쳐지는 부분이 있나요?

① 롬1:28-32

② 갈5:19-21

③ 엡2:2-3

8. 그동안 신앙생활 하면서 자신이 하나님 앞에서 죄인이라는 사실을 깨닫고 괴로워했던 경험이 있었나요? 어떤 상황이었나요? (마26:74-75)

9. 가룟 유다는 예수님을 판 후에 스스로 뉘우쳐 돈을 돌려주고 끝내 자살하고 말았습니다. 유다의 행동을 어떻게 봐야 하나요? (마27:3-5)

⇨ 유다의 행동은 회개가 아니다. 후회이다. 자신이 잘못한 것을 알았다. 그래서 그 행동을 후회하고 있다. 여기까지는 좋다. 이 후회가 회개가 되려면 그냥 스스로 목숨을 끊는 것으로 끝나서는 안된다. 다시 돌이켜 하나님께로 가야 한다.

10. 진정한 회개는 죄를 미워하고 아파하는 것을 넘어 죄에서 돌이켜 새롭게 순종하는 것까지입니다. 우리가 회개는 그래도 많이 하는 것 같습니다. 그런데 진정한 회개를 하고 있나요? (사1:16-17)

⇨ 회개가 말로, 우는 것으로 끝나서는 안된다. 삶의 변화가 동반되어야 한다.

　　하나님이 사람에게 요구하시는 의무

† 이번 과에서 특별히 새로 알게 된 것이나 은혜를 받은 것이 있다면 이야기해 주세요.

† 이번 과를 배우면서 새롭게 결심한 것이 있다면 이야기 해 주세요.

† 암송구절

"8 너희는 그 은혜에 의하여 믿음으로 말미암아 구원을 받았으니 이것은 너희에게서 난 것이 아니요 하나님의 선물이라 9 행위에서 난 것이 아니니 이는 누구든지 자랑하지 못하게 함이라" (엡2:8-9)

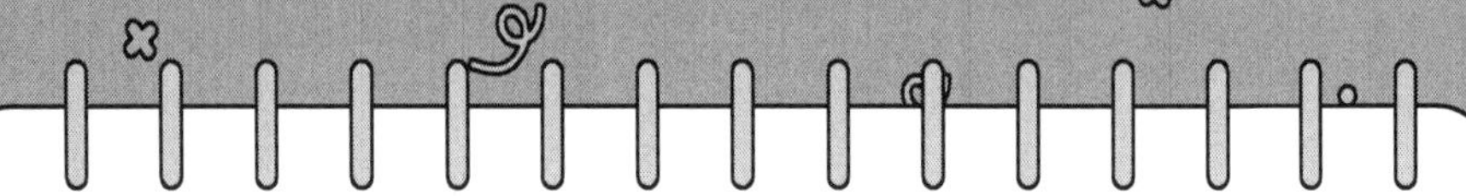

제9과 은혜의 수단:말씀(88-90문)

88문: 그리스도께서 우리에게 구속의 유익을 전달하시는 외적인 수단은 무엇인가요?

88답: 그리스도께서 우리에게 구속의 유익을 전하시려고 나타내시는 외적이고 통상적인 수단은 그의 규례들인데, 특별히 말씀과 성례와 기도입니다. 이것은 모두 택하신 자들의 구원에 효력이 됩니다.

문답정리

(1) 그리스도께서 우리에게 구속의 유익을 전달하시는 외적인 수단들이 있다.

(2) 첫째는 말씀이고

(3) 둘째는 성례이고

(4) 셋째는 기도이다.

(5) 이것들은 택하신 자들의 구원에 효력이 된다.

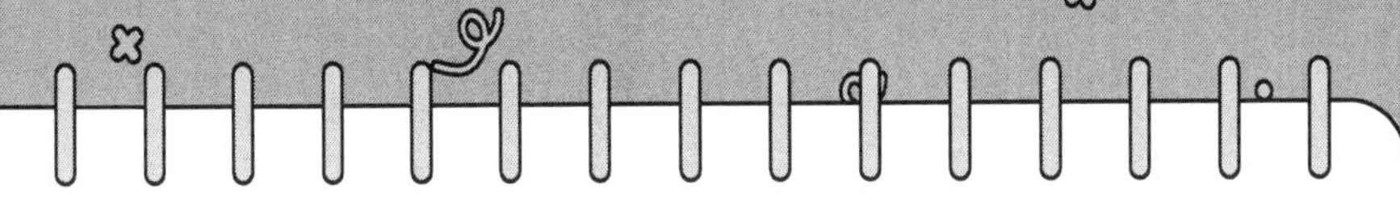

89문: 말씀이 어떻게 구원에 효력이 되나요?

89답: 하나님의 영은 말씀을 읽는 것, 특히 말씀을 설교하는 것을 효과적인 수단으로 삼아 죄인들이 깨닫고 돌이키게 하시며 거룩함과 위로 안에서 믿음을 통해 구원에 이르도록 하십니다.

문답정리

(1) 말씀이 구원에 효력이 된다.

(2) 이 때 성령께서 일하신다.

(3) 성령은 말씀을 읽는 것, 특히 설교를 효과적인 수단으로 사용하신다.

(4) 말씀을 통하여 죄인들이 깨닫고 돌이키게 하신다.

(5) 거룩함과 위로 안에서 이 믿음을 통해 구원에 이르도록 하신다.

1. 죄를 지은 사람은 하나님의 진노를 받습니다. 하나님의 진노를 피하기 위해 하나님이 요구하시는 것이 있습니다. 믿음과 회개입니다. 그렇다면 이 믿음과 회개는 어떻게 주어지나요?

① 롬10:17

② 느8:7-9

⇨ 오직 말씀을 통해 믿음이 생기고, 말씀을 통해 우리의 연약함을 깨달아 회개할 수 있다.

2. 세상에는 학문적인 목적으로 성경을 읽고 연구하는 사람들도 많습니다. 성경을 읽는다고 자동으로 믿음이 생기고 회개하지 않습니다. 말씀은 어떻게 효력을 발휘하나요? (엡1:17)

⇨ 여기서 지혜와 계시의 영은 성령 하나님이시다. 오직 성령께서 역사하셔야 한다.

3. 성경에는 말씀이 우리에게 어떤 의미가 있는지 여러 가지 비유를 가지고 설명합니다. 한 번 찾아보겠습니다.

① 시 119:105

② 마 4:4

③ 엡 6:17, 히 4:12

4. 시편 19:7-10절까지의 말씀을 한 번 읽어보겠습니다. 말씀에 대하여 참 다양하게 묘사하고 고백하고 있습니다. 어떻게 고백하고 있나요? 나는 하나님의 말씀에 대하여 어떻게 고백할 수 있을까요?

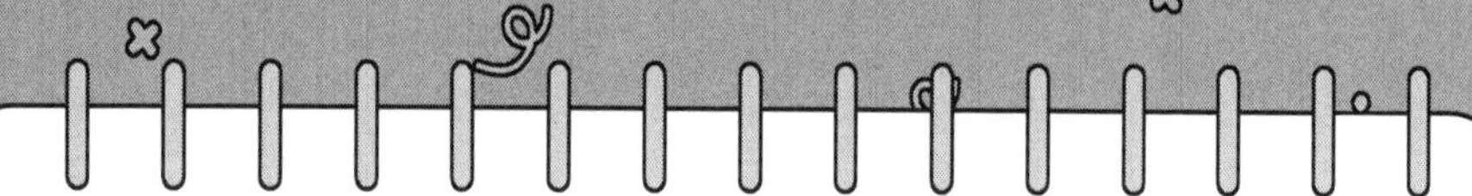

90문: 말씀을 어떻게 읽고 들어야 구원에 효력이 되나요?

90답: 말씀이 구원에 효력이 되려면 반드시 부지런함과 준비와 기도로 읽고 들어야 하고 , 믿음과 사랑으로 말씀을 받아들여 우리 마음에 간직하고, 우리의 삶에서 실천해야 합니다.

문답정리

(1) 말씀이 구원에 효력이 되려면 읽고 들어야 한다.

(2) 첫째 부지런함과 준비와 기도로 말씀을 읽고 들어야 한다.

(3) 둘째 믿음과 사랑으로 말씀을 받아드리고 간직해야 한다.

(4) 셋째 말씀을 우리 삶에서 실천해야 한다.

5. 앞에서 말씀을 양식에 비유하는 것을 보았습니다. 하나님의 말씀은 영혼의 양식입니다. 그렇다면 우리는 이 말씀에 대하여 어떤 태도를 가져야 하나요? (벧전2:2)

6. 우리가 말씀을 듣는 주요한 통로는 설교입니다. 요즈음 설교 시간에 말씀을 잘 듣고 계신가요? 사도행전에 나오는 베뢰아 사 람들은 말씀을 어떻게 들었나요? (행17:11) 설교를 들을 때 어떻 게 해야 할까요?

⇨ 설교는 하나님의 말씀의 선포라는 사실을 잊어서는 안된다. 기도로 준비하면서 듣고 간절하게 듣고 받아들여야 한다. 또한 선포된 말씀이 성경과 일치하는지 분별할 수 있어야 한다.

7. 예수님은 집을 짓는 비유를 통해 말씀을 듣는 것이 어떤 의미
가 있는지 가르쳐주셨습니다. (마7:24-27)

　① 반석 위에 집을 지은 사람이나 모래 위에 집을 지은 사람이나
공통점이 있습니다. 무엇인가요?

⇨ 말씀을 듣는 것까지는 같다.

　② 두 사람의 차이점은 무엇인가요?

⇨ 말씀을 듣고 행하느냐, 행하지 않느냐의 차이이다.

　③ 두 사람의 결과는 어떤가요?

8. 말씀을 어떻게 대해야 하는지를 이야기할 때 많이 사용하는 말
씀의 손 그림입니다. 요즈음 나의 말씀 생활은 어떤가요?

† 이번 과에서 특별히 새로 알게 된 것이나 은혜를 받은 것이 있다면 이야기해 주세요.

† 이번 과를 배우면서 새롭게 결심한 것이 있다면 이야기 해 주세요.

† 암송구절

"4 예수께서 대답하여 이르시되 기록되었으되 사람이 떡으로만 살 것이 아니요 하나님의 입으로부터 나오는 모든 말씀으로 살 것이라 하였느니라 하시니" (마4:4)

제10과 은혜의 수단:성례(91-97문)

91문: 성례가 어떻게 구원에 효력있는 수단이 되나요?

91답: 성례가 구원에 효력있는 수단이 되는 것은 성례 자체나 집례하는 자의 덕으로 되는 것이 아니라, 오직 그리스도의 축복과 믿음으로 성례를 받은 자 안에서 그리스도의 영의 일하심으로 되는 것입니다.

문답정리

(1) 성례는 구원에 효력있는 수단이 된다.

(2) 이것은 성례 자체나 성례를 집례하는 자의 덕으로 되는 것이 아니다.

(3) 그리스도의 축복과 성령이 믿음으로 성례를 받는 자 안에서 일하심으로 된다.

1. 나중에 보겠지만 성례에는 세례와 성찬식이 있습니다. 세례를 받으셨을 때 기억나시나요? 어땠나요? 성찬식에 참여할 때 특별한 마음의 감동이 있었던 적이 있으신가요?

2. 영화나 드라마를 보면 신비주의 사이비 종교를 믿는 사람들이 나옵니다. 이들은 특별한 의식을 통하여 신비한 지식이나 힘을 얻으려고 합니다. 하지만 성례는 의식 자체가 무슨 신비한 힘을 가진 것이 아닙니다. 소요리 문답은 성례가 효과가 있는 이유를 무엇이라고 말하나요?

⇒ 예수님의 축복과 성령께서 성례 하는 가운데 일하시기 때문이다.

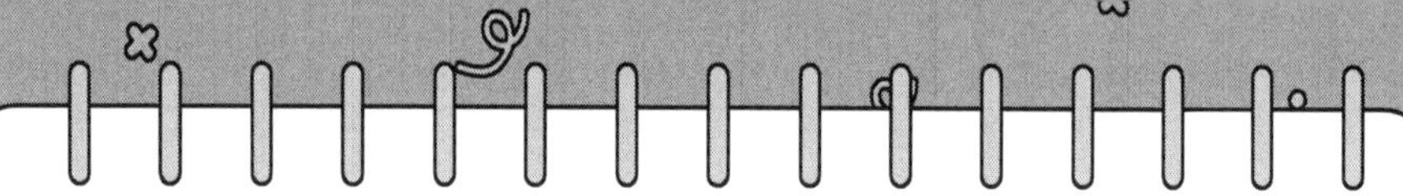

92문: 성례는 무엇인가요?

92답: 성례는 그리스도께서 세우신 거룩한 예식인데, 지각할 수 있는 표지에 의해 그리스도와 새언약의 유익들이 신자들에게 다시 나타나고, 인쳐지고 적용되는 것입니다.

문답정리

(1) 성례는 그리스도가 세우신 거룩한 예식이다.

(2) 그리스도와 새 언약의 유익들이 있다.

(3) 이 유익들이 지각할 수 있는 표지에 의해 다시 나타나고 인 쳐지고 적용된다.

3. 보통 교회에서 세례를 받으려면 교회에 출석하고 어느 정도의 시간이 흘러야 하고 세례를 위해 교육을 받아야 합니다. 하지만 임종을 앞둔 분에게는 이런 절차를 생략하고 세례를 주기도 합니다. 그렇다고 세례를 받아야 구원을 받는 것은 아닙니다. 성경은 무엇이라고 말씀하나요? (롬4:11)

⇨ 성례를 받아야 구원을 받는 것이 아니다. 이미 구원받은 것을 나타내는 표이다.

4. 교부들은 성례에 대하여 이렇게 이해하기도 했습니다. "눈에 보이지 않는 은혜를 나타내는, 눈에 보이는 표" 이 말은 무슨 의미 일까요?

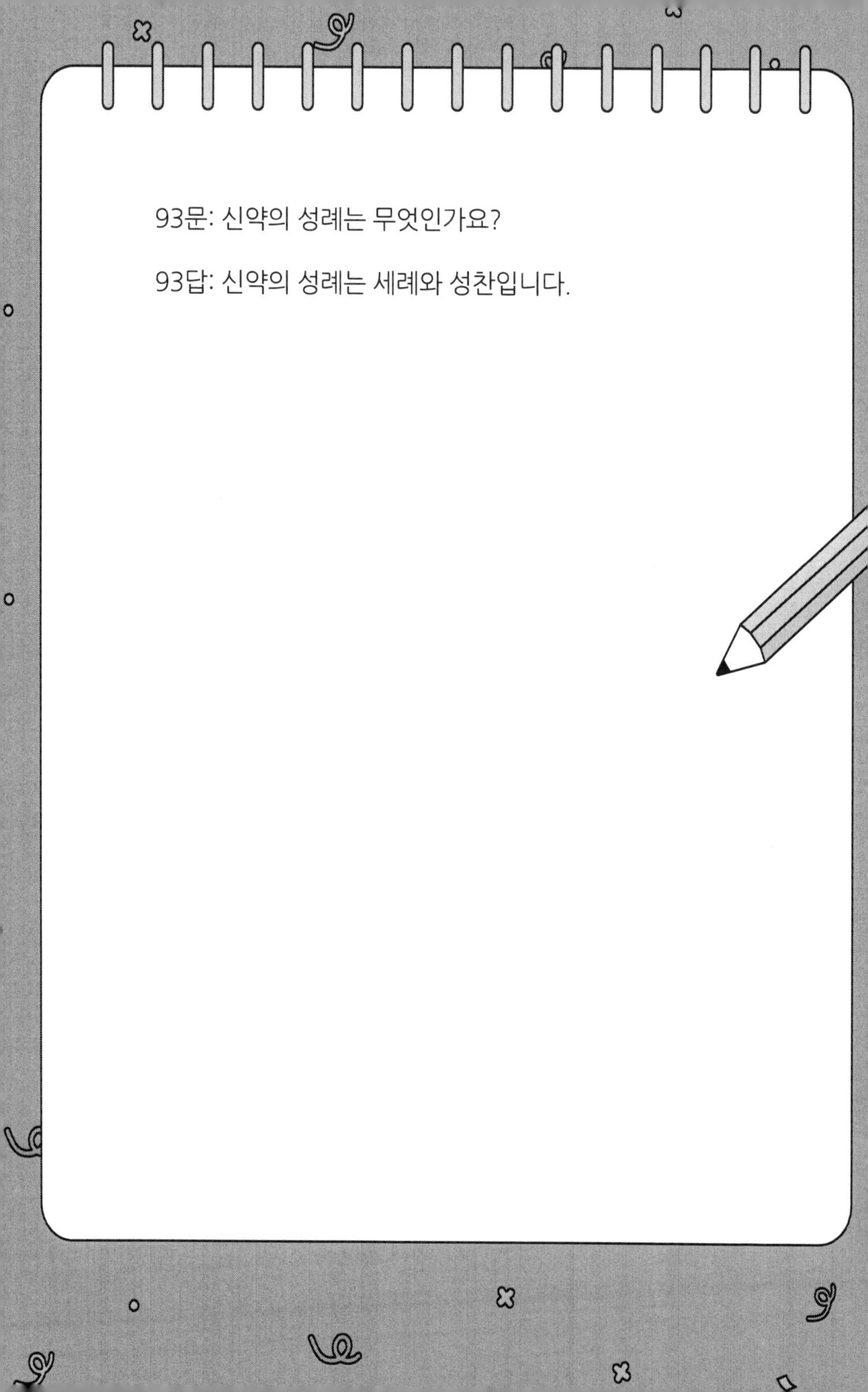

93문: 신약의 성례는 무엇인가요?

93답: 신약의 성례는 세례와 성찬입니다.

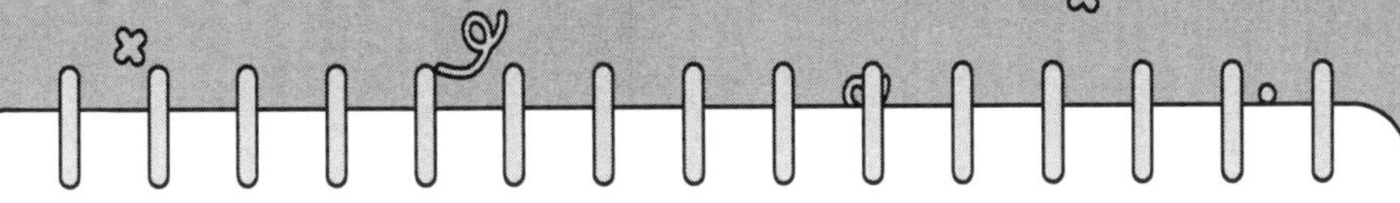

94문: 세례는 무엇인가요?

94답: 세례는 성례인데, 성부와 성자와 성령의 이름으로 씻는 것은 우리가 그리스도에게 접붙임 된 것과 은혜언약의 모든 유익에 참여하는 것과 주님의 것이라는 서약을 표시하고 인 치는 것입니다.

문답정리

(1) 세례는 물을 가지고 성부와 성자와 성령의 이름으로 씻는 성례이다.

(2) 세례를 통하여 우리가 몇 가지를 표시하고 인 치게 된다.

(3) 첫째 그리스도에게 접붙임 된 것이다.

(4) 둘째 은혜 언약의 모든 유익에 참여한 것이다.

(5) 셋째 주님의 것이라는 서약이다.

5. 세례는 물로 행해집니다. 세례가 물로 행해지는 것은 의미가 있습니다.

 ① 롬6:3-4

⇨ 침례를 생각해보면 된다. 침례는 물에 온 몸을 담근다. 이것은 나의 옛 사람이 그리스도와 죽고 이제 새 사람이 되었다는 것을 상징한다. 세례도 마찬가지이다. 세례도 머리 위에 물이 있다. 침례와 마찬가지로 물 아래 있는 것이다.

 ② 요13:10

⇨ 우리의 죄가 씻어지는 것을 의미한다.

6. 세례 자체가 신비한 의식은 아니지만 세례는 성도에게 아주 중요합니다. 세례를 받은 성도는 어떻게 살아야 하나요? (갈3:26-27)

⇨ 세례를 받은 사람은 예수님과 연합한 사람이다. 예수님의 옷을 입었다. 우리의 삶이 예수님을 닮아가야 한다.

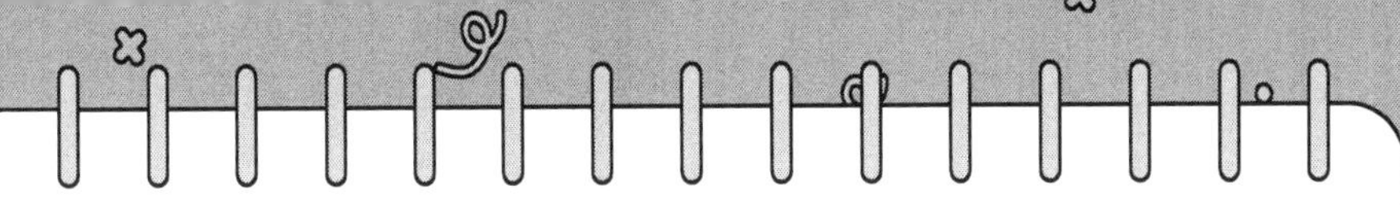

95문: 세례는 누구에게 시행되어야 하나요?

95답: 세례는 보이는 교회 밖에 있는 자들이 그리스도를 믿는 믿음과 그 분에 대한 순종을 고백할 때까지 누구에게도 시행되어서는 안됩니다. 그러나 보이는 교회 회원들의 유아들은 세례를 받아야 합니다.

문답정리

(1) 세례는 교회 밖에 있는 사람에게 시행할 수 없다.

(2) 믿지 않는 사람들이 그리스도를 믿고 복종하겠다고 고백할 때 시행할 수 있다.

(3) 그러나 교회 회원의 유아들은 받아야 한다.

7. 신약성경에 보면 어떤 사람이 믿음을 고백하면 즉시 세례를 주었습니다. 하지만 요즈음은 일정한 기간이 필요합니다. 이 차이는 어디서 오는 걸까요? 오늘날 교회에서 세례를 줄 때 주의해야 하는 것은 무엇일까요?

⇨ 성경에서 처음 세례를 받은 사람들은 구약성경에 익숙한 유대인들이나 경건한 이방인들이었다. 이들은 따로 성경에 대한 교육을 받지 않아도 되었기에 즉시 세례를 줄 수 있었다. 오늘날 성경을 잘 모르는 사람들은 교육을 시키고 세례를 주어야 한다.

또 다른 면에서 생각해볼 수도 있다. 초대교회 당시를 생각해보면 예수님을 믿는 것은 박해를 각오하는 믿음이 있어야 했다. 예수님을 믿는다고 공개적으로 고백하는 사람은 정말 예수님을 믿는 사람이라고 생각할 수 있다. 하지만 요즈음은 다르다. 신앙 외에 여러 가지 이유로 교회에 출석하고 세례를 받으려고 하는 사람들도 있다. 그러기에 교회에서 세례를 줄 때에는 잘 교육시키고 그 사람이 바른 신앙고백을 하는지 잘 살펴야 한다.

 하나님이 사람에게 요구하시는 의무

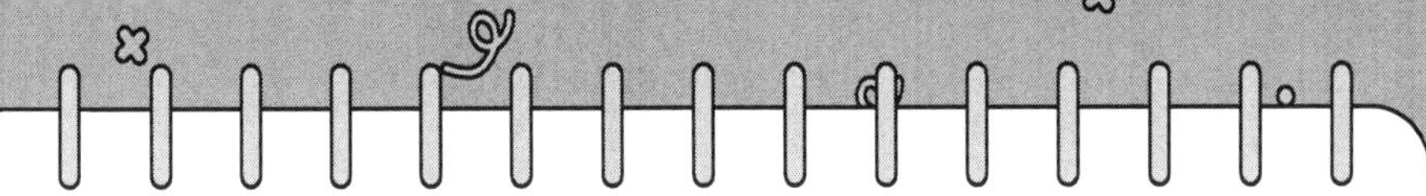

96문: 성찬은 무엇인가요?

96답: 성찬은 성례인데, 그리스도께서 정하신 대로 떡과 포도주를 주고받는 것으로 그 죽으심을 나타내 보이고, 합당하게 받는 자들은 육체적이고 세속적인 방식이 아니라 믿음으로 그리스도의 몸과 피에 참여하는 자가 되어 그분의 모든 유익과 함께 영적인 양육에 이르고 은혜 안에서 성장합니다.

문답정리

(1) 성찬은 그리스도가 정하신 대로 떡과 포도주를 주고받는 성례이다.

(2) 성찬을 통하여 그리스도의 죽으심을 나타내 보인다.

(3) 합당하게 성찬을 받는 사람들은 육체적이고 세속적인 방식으로 참여하지 않는다.

(4) 믿음으로 그리스도의 몸과 피에 참여한다.

(5) 이런 사람들은 그리스도의 모든 유익과 함께 영적인 양육에 이르고 은혜 안에서 성장한다.

8. 세례와 마찬가지로 성찬은 보이는 말씀입니다. 그러기에 성찬에 참여하는 것은 많은 유익을 줍니다.

① 성찬식에서 떡과 포도주는 무엇을 의미하나요? (고전11:23-26)

⇨ 예수님의 죽으심을 상징한다. 성찬식을 통하여 예수님의 죽음의 의미를 깊이 묵상할 수 있다.

② 떡을 먹고 포도주를 마시는 것은 어떤 의미가 있나요? (요 6:53-54)

⇨ 떡을 먹고 포도주를 마시는 것은 예수님의 살을 먹고 피를 마시는 것이다. 이것은 이제 우리가 예수님과 한 몸이 되었다는 것을 상징한다.

③ 같은 떡과 같은 포도주를 마시는 것이 의미하는 것은 무엇인가요? (고전10:17)

⇨ 성찬에 참여한 모든 사람이 그리스도와 연합한 한 몸의 지체이다. 공동체가 하나라는 사실을 보여준다.

     하나님이 사람에게 요구하시는 의무

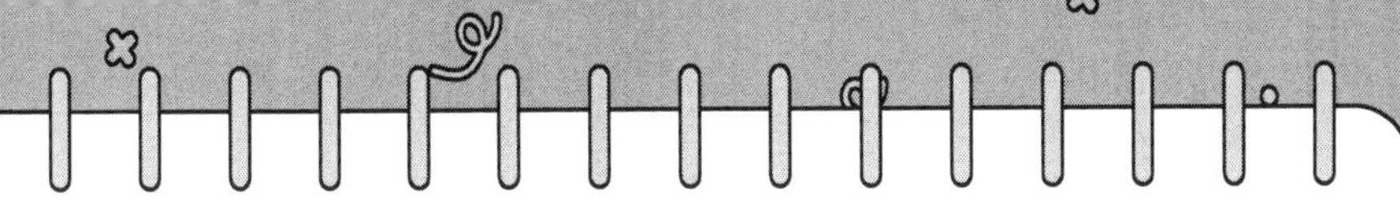

97문: 성찬을 합당하게 받기위해서는 무엇이 요구되나요?

97답: 성찬에 합당하게 참여하려는 자들에게 요구되는 것은, 주님의 몸을 분별하는 지식과 주님을 양식으로 삼는 믿음과 회개와 사랑과 새로운 순종이 자기들에게 있는지 살피는 것입니다. 합당하지 않게 참여하여 자신들에게 임하는 심판을 먹고 마시지 않도록 하기 위해서입니다.

문답정리

(1) 성찬에는 합당하게 참여해야 한다.

(2) 합당하게 참여하기 위해서는 자기에게 있는지 살펴야 하는 것이 있다.

(3) 살펴야 하는 것은 주님의 몸을 분별하는 지식과 주님을 양식으로 삼는 믿음과 회개와 사랑과 새로운 순종이다.

(4) 합당하지 않게 참여하여 자신들에게 임할 심판을 먹고 마시는 일이 없도록 하기 위해서이다.

9. 성찬에 합당하게 참여하기 위해 살펴야 할 것이 있습니다. 그런데 여기에 요구하는 것들은 바로 성도들에게 요구되는 것들입니다. 성찬을 통해 성도로 어떻게 살아야 하는지를 점검할 수 있습니다. 어떤가요? 여기에 나오는 요구들에 합당한 삶을 살고 있나요?

정리

† 이번 과에서 특별히 새로 알게 된 것이나 은혜를 받은 것이 있다면 이야기해 주세요.

† 이번 과를 배우면서 새롭게 결심한 것이 있다면 이야기 해 주세요.

† 암송구절
"26 너희가 다 믿음으로 말미암아 그리스도 예수 안에서 하나님의 아들이 되었으니 27 누구든지 그리스도와 합하기 위하여 세례를 받은 자는 그리스도로 옷 입었느니라 " (갈3:26-27)

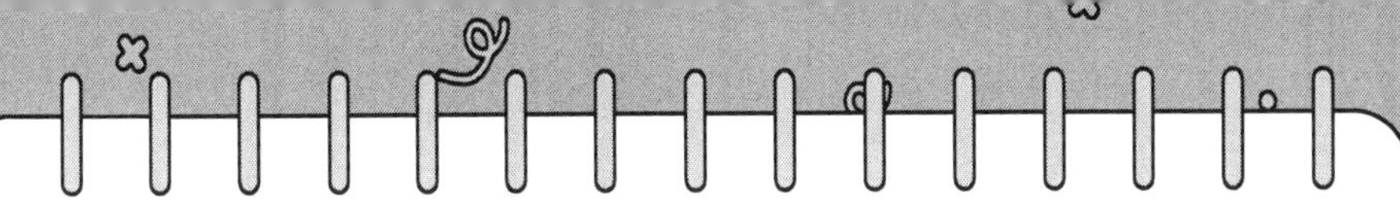

제11과 은혜의 수단: 기도(주기도문) I (98-100문)

98문: 기도는 무엇인가요?

98답: 기도는 우리의 죄를 고백하고 그의 자비를 감사히 인정하면서 예수님의 이름으로 하나님의 뜻에 맞는 우리의 소원을 올려드리는 것입니다.

문답정리

(1) 기도는 우리의 소원을 하나님께 올리는 것이다.

(2) 기도는 예수 그리스도의 이름으로 한다.

(3) 하나님의 뜻에 맞는 것을 구해야 한다.

(4) 죄를 고백하고 하나님의 자비를 감사히 인정하면서 해야 한다.

1. 기도는 우리의 소원을 하나님께 올리는 것입니다. 그런데 이 말을 오해할 수 있습니다. 하나님이 단순히 우리가 소원을 비는 대상이라면 램프의 요정 지니나 도깨비 방망이와 다를 것이 없기 때문입니다. 하나님께 소원을 비는 이유를 생각해보겠습니다.

　① 하나님은 나와 무슨 관계인가요? (눅11:2)

⇨ 기도는 나와 상관없는 대상에게 하는 것이 아니다. 아버지에게 소원을 올리는 것이다.

　② 왜 하나님께 소원을 비나요? (시10:17)

⇨ 우리가 미약하기 때문이다. 우리가 할 수 없기 때문에 하나님께 기도한다. 기도한다는 것은 내가 할 수 없다는 것을 인정하는 것이다.

2. 세상에는 많은 종교가 있습니다. 그 종교들도 나름대로 기도하는 의식이 있습니다. 하지만 우리의 기도는 특별합니다. 왜 그런가요? (요16:24, 롬8:34)

⇨ 우리는 예수님의 이름으로 기도한다. 예수님 때문에 하나님께 기도할 수 있게 되었고, 예수님을 의지하며 기도한다.

　하나님이 사람에게 요구하시는 의무

3. 기도는 하나님께 소원을 비는 것입니다. 이 말이 아무 소원이나 다 들어주신다는 것은 아닙니다. 소원을 빌기 전에 먼저 알아야 하는 것이 있습니다. 예수님은 어떻게 기도하셨나요? (마 26:39)

⇨ 하나님의 뜻대로 기도해야 한다. 그러기 위해서는 하나님의 뜻을 알아야 한다. 말씀과 기도는 항상 같이 갈 수 밖에 없다. 말씀이 없는 기도는 신비주의가 된다.

4. 하나님께 기도할 때 있어야 하는 두 가지가 있습니다. 무엇인가요?

　① 시32:5-6

⇨ 자신의 죄에 대한 회개가 있어야 한다.

② 빌4:6

⇨ 하나님에 대한 감사가 있어야 한다.

5. 자신의 기도생활을 점검해보겠습니다. 요즈음 나의 기도생활은 어떤가요? 잘 기도하지 못한다면 이유는 무엇인가요?

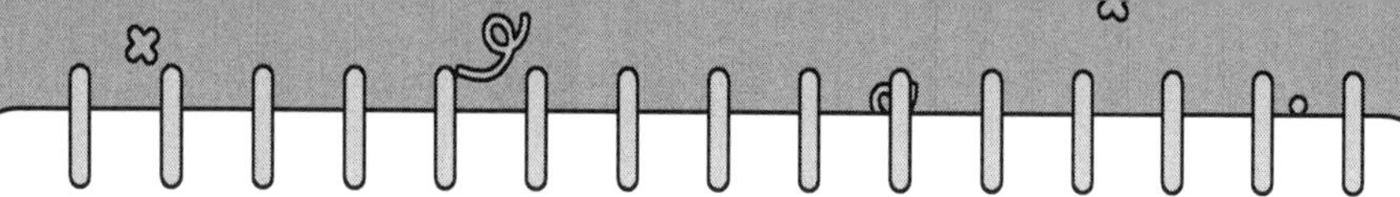

99문: 하나님께서 우리를 위해 기도의 지침으로 주신 규칙은 무엇인가요?

99답: 하나님의 모든 말씀이 우리 기도의 지침에 유용하지만 특별히 지시하신 규칙은 그리스도께서 그 제자들에게 가르치신 기도의 형식으로 보통 "주기도문"이라고 불립니다.

문답정리

(1) 하나님께서 우리의 기도의 지침으로 주신 규칙이 있다.

(2) 하나님의 모든 말씀이 기도의 지침으로 유용하다.

(3) 그 중 특별히 예수님이 제자들에게 가르쳐주신 주기도문이 있다.

6. 앞으로 예수님이 가르쳐주신 주기도문을 배울 것입니다. 주기도문은 어릴 때부터 아주 많이 익숙합니다. 그러다보니 보니 외우기에 급급한 경우가 많습니다. 주기도문은 그냥 외우는 암송문이 아닙니다. 기도입니다. 주기도문에서 기도가 빠지면 무엇이 되나요? 평소에 주기도문을 어떤 마음으로 하시나요?

7. 주기도문은 아주 짜임새 있는 기도입니다. 먼저 주기도문의 전체적인 구조를 보도록 하겠습니다.

I. 기도의 대상

 하늘에 계신 우리 아버지

II. 기도의 내용

 (1)하나님과 관계된 기도

  ① 아버지의 이름을 거룩하게 하시며

  ② 아버지의 나라가 오게 하시며

  ③ 아버지의 뜻이 하늘에서와 같이 땅에서도 이루어지게 하소서

 (2)우리와 관계된 기도

  ① 오늘 우리에게 일용할 양식을 주시고

  ② 우리가 우리에게 잘못한 사람을 용서하여 준 것 같이 우리 죄를 용서하여 주시고

  ③ 우리를 시험에 빠지지 않게 하시고 악에서 구하소서

III. 송영

 나라와 권능과 영광이 영원히 아버지의 것입니다.

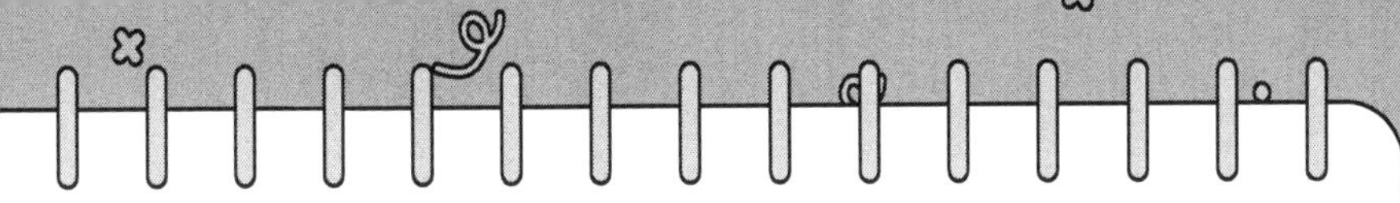

100문: 주기도문의 서언은 우리에게 무엇을 가르치나요?

100답: 주기도문의 서언은 "하늘에 계신 우리 아버지"인데, 자녀들이 아버지에게 가는 것처럼 우리를 도울 수 있고, 도울 준비가 되신 하나님께 거룩한 경외와 확신을 가지고 가까이 갈 것을 가르칩니다. 또한 우리가 다른 사람들과 함께 다른 사람들을 위해 기도해야 할 것을 가르칩니다.

문답정리

(1) 주기도문의 서언은 "하늘에 계신 우리 아버지"이다.

(2) 우리는 자녀와 같이 하나님께 가야 한다.

(3) 하나님은 우리를 도울 수 있고 도울 준비가 되셨다.

(4) 이 하나님께 거룩한 경외와 확신을 가지고 가까이 가야 한다.

(5) 또한 다른 사람들과 함께 다른 사람들을 위하여 기도해야 한다.

8. 주기도문의 서언은 왜 우리의 기도가 응답받을 수 있는지를 잘 보여줍니다.

① 하나님이 왜 우리의 기도를 들어주시나요?

⇨ 하나님이 우리의 아버지가 되시기 때문이다.

② 하나님은 우리의 기도를 들어줄 능력이 있으신가요?

⇨ 아무리 우리를 사랑하는 아버지라도 능력이 없으면 우리의 소원을 들어줄 수 없다. 하나님은 하늘에 계신 아버지이시다. 모든 간구를 들어줄 수 있는 전능하신 분이시다.

9. 주기도문은 하나님을 '나의' 아버지가 아니라 '우리의' 아버지라고 고백합니다. 개인의 기도를 넘어 공동체의 기도입니다. 우리는 어떻게 기도해야 하나요?

① 행12:5

⇨ 공동체 안에 어려운 일이 있을 때 교회가 함께 기도해야 한다.

② 엡6:18

⇨ 자신 뿐만 아니라 다른 사람들을 위하여도 기도해야 한다.

 하나님이 사람에게 요구하시는 의무

† 이번 과에서 특별히 새로 알게 된 것이나 은혜를 받은 것이 있다면 이야기해 주세요.

† 이번 과를 배우면서 새롭게 결심한 것이 있다면 이야기 해 주세요.

† 암송구절

"39 조금 나아가사 얼굴을 땅에 대시고 엎드려 기도하여 이르시되 내 아버지여 만일 할 만하시거든 이 잔을 내게서 지나가게 하옵소서 그러나 나의 원대로 마시옵고 아버지의 원대로 하옵소서 하시고 " (마26:39)

제12과 은혜의 수단:기도(주기도문) Ⅱ (101문-107문)

101문: 첫 번째 간구에서 우리는 무엇을 위해 기도하나요?

101답: 주기도문의 첫 번째 간구는 "아버지의 이름을 거룩하게 하시며"인데, 이것은 하나님께서 자기를 나타내시는 모든 일에 우리와 다른 사람들이 하나님을 영화롭게 하고 또 모든 일이 하나님 자신의 영광이 되도록 처리해 주시기를 기도하는 것입니다.

문답정리

(1) 첫째 간구는 "아버지의 이름을 거룩하게 하시며" 이다.

(2) 이 간구는 첫째 하나님이 자신을 나타내시는 모든 일에 모든 사람들이 하나님을 영화롭게 하기를 기도하는 것이다.

(3) 둘째 모든 일이 하나님 자신의 영광이 되도록 처리해 주시기를 기도하는 것이다.

1. 하나님은 자신의 이름 가운데 자신을 계시하셨습니다(출3:13-14). 그러므로 하나님의 이름은 하나님 자신을 나타냅니다. 하나님의 이름을 거룩하게 한다는 것은 하나님을 거룩하게 한다는 의미입니다. 하나님이 거룩하다는 것은 어떤 의미가 있나요?

① 출 15:11, 삼상 2:2

⇨ 거룩하다는 말은 어떤 엄숙한 분위기를 말하는 것이 아니다. 구별 되다는 뜻이다. 하나님은 구별되신 분이다. 먼저 하나님은 피조물과 구별되는 분이다. 하나님만이 창조주이시기 때문이다. 그러기에 오직 하나님만이 우리의 경외의 대상이고 영광을 받으실 수 있다.

② 욥 34:10

⇨ 하나님은 또 죄와 구별되신 분이다. 하나님은 완전히 의로우신 분이시다.

2. 우리는 이미 소요리문답 1문 1답에서 하나님의 영광을 위한 삶에 대해서 배웠습니다. 이제 주기도문을 통해 다시 한 번 하나님의 영광을 위한 삶을 보게 됩니다. 소요리문답이 다 끝나갑니다. 지금 어떤가요? 하나님의 영광을 위한 삶을 살고 있나요?

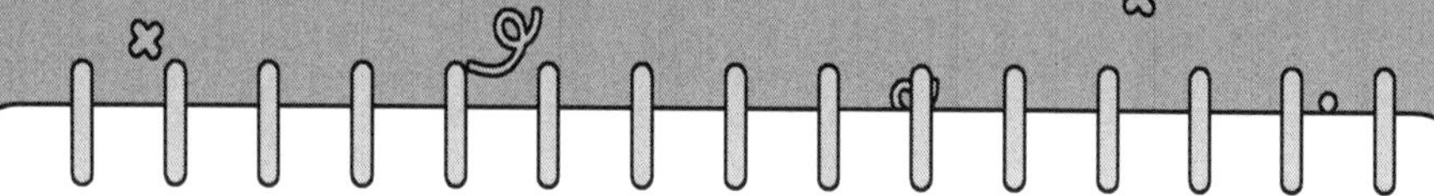

102문: 두 번째 간구에서 우리는 무엇을 위하여 기도하나요?

102답: 두 번째 간구는 "아버지의 나라가 오게 하시며"인데, 이것은 사탄의 나라가 멸망하고 은혜의 나라가 흥왕해져서 우리와 다른 사람들이 그리로 들어가 그곳에 있게 하시고, 영광의 나라가 속히 임하기를 기도하는 것입니다.

문답정리

(1) 둘째 간구는 "아버지의 나라가 오게 하시며"이다.

(2) 이 간구는 첫째 사탄의 나라가 멸망하고 은혜의 나라가 흥왕하기를 기도하는 것이다.

(3) 둘째 우리와 다른 사람들이 은혜의 나라에 들어가 그곳에 있기를 기도하는 것이다.

(4) 셋째 영광의 나라가 속히 임하기를 기도하는 것이다.

3. 하나님 나라에 대하여 이야기할 때 한 가지 짚고 넘어가야 하는 것이 있습니다. 하나님 나라와 천국의 개념입니다. 하나님 나라와 천국의 관계는 무엇인가요? (마4:23, 눅4:43의 말씀을 비교해 보세요)

⇨ 두 구절 다 복음이 전파되는 상황에 대한 묘사이다. 이 때 마태복음은 천국 복음이라고 누가복음은 하나님의 나라 복음이라고 쓰고 있다. 천국이나 하나님 나라는 같은 말이다.

4. 하나님 나라는 하나님이 통치하시는 나라입니다. 그렇다면 하나님 나라에 들어가 있기를 기도하는 것은 우리에게 어떤 삶의 태도를 요구하나요?

⇨ 하나님 나라에 있다는 것은 하나님의 통치를 받는다는 뜻이다. 우리가 하나님 나라에 들어가 있는 것은 하나님 나라의 백성이 되어 하나님의 통치에 따라 사는 삶을 요구한다.

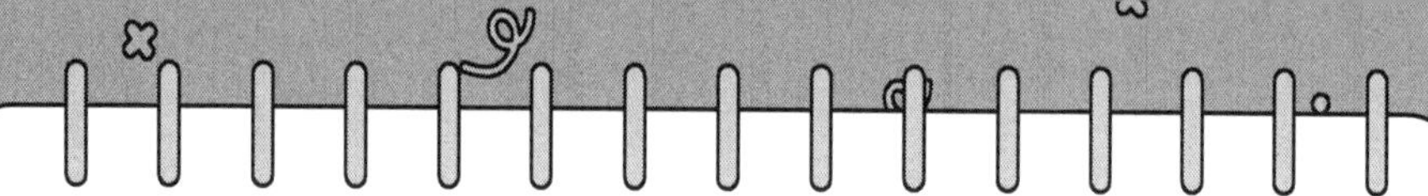

103문: 세 번째 간구에서 우리는 무엇을 위해 기도하나요?

103답: 세 번째 간구는 "아버지의 뜻이 하늘에서와 같이 땅에서도 이루어지게 하소서"인데, 이것은 하늘에서 천사들이 하듯이 하나님께서 그의 은혜로 우리가 모든 일에서 그의 뜻을 능히, 기꺼이 알아 순종하고 따를 수 있도록 해주시기를 기도하는 것입니다.

문답정리

(1) 세 번째 간구는 "아버지의 뜻이 하늘에서와 같이 땅에서도 이루어지게 하소서"이다.

(2) 이 간구는 하나님께서 우리가 모든 일에서 그의 뜻을 능히, 기꺼이 알아 순종하고 따를 수 있도록 해주시기를 기도하는 것이다.

(3) 이것은 하나님의 은혜로 가능하다.

(4) 하늘에서 천사들이 이와 같이 한다.

5. 많은 사람들이 하나님의 뜻이 무엇인지를 궁금해 합니다. 왜 하나님의 뜻을 알아야 할까요? 하나님의 뜻을 아는 것은 호기심을 해결하는 것이 아닙니다. 요나와 예수님의 차이를 살펴보겠습니다.

① 욘1:2-3

⇨ 요나는 니느웨로 가라는 하나님의 뜻을 알았다. 하지만 불순종하고 다시스로 도망을 친다.

② 마26:39

⇨ 예수님도 하나님의 뜻을 알았다. 이 하나님의 뜻이 자신이 원하는 바가 아니었지만 순종하신다.

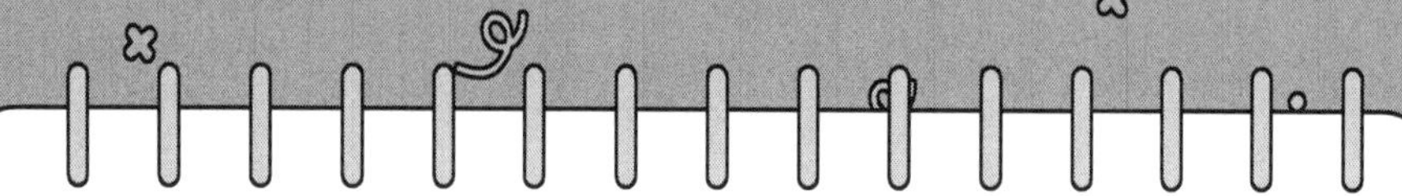

104문: 네 번째 간구에서 우리는 무엇을 위해 기도하나요?

104답: 네 번째 간구는 "오늘 우리에게 일용할 양식을 주시고"인데, 이것은 하나님의 거져 주시는 선물로 이생의 좋은 것 중에서 충분한 분량을 받을 수 있기를, 그것들과 함께 하나님의 축복을 즐거워할 수 있기를 기도하는 것입니다.

문답정리

1. 넷째 간구는 "오늘 우리에게 일용할 양식을 주시고"이다.

2. 이 간구는 첫째 이생의 좋은 것 중에서 충분한 분량을 받을 수 있기를 기도하는 것이다.

3. 이것은 하나님이 거져 주시는 선물이다.

4. 둘째 그것들과 함께 하나님의 축복을 즐거워할 수 있기를 기도하는 것이다.

6. 우리가 양식을 구한다고 할 때 양식은 여러 가지 의미를 포함합니다. 꼭 영적인 것만 생각할 필요는 없습니다. 육신을 위한 양식과 거룩한 양식(성만찬)과 하나님의 말씀뿐 아니라 우리 생활에 필요한 모든 것을 위한 기도입니다. 그런데 여기서 "일용할"양식이라고 말씀하고 있습니다. 이것은 우리에게 어떠한 삶을 요구하나요? (출16:14-21)

⇨ 광야에서 하나님은 이스라엘 백성들을 만나로 먹이셨다. 만나의 특징은 유통기한이 하루라는 것이다. 그러기에 매일 매일 나가서 만나를 거두어야 했다. 이스라엘 백성들은 일주일치, 한 달치를 미리 모을 필요가 없었다. 일주일 뒤에도, 한 달 뒤에도 하나님은 만나를 주실 것이기 때문이다. 매일 매일 그날 먹을 것만 모으는 것은 앞으로도 매일 매일 하나님이 공급해주실 것이라는 믿음이 바탕에 있다. 이것은 매일 매일 하나님이 공급하시는 것으로 살아야 한다는 것을 보여준다.

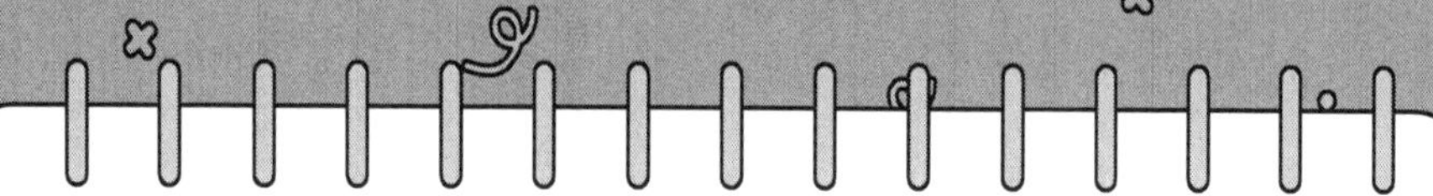

105문: 다섯 번째 간구에서 우리는 무엇을 위해 기도하나요?

105답: 다섯 번째 간구는 "우리가 우리에게 잘못한 사람을 용서하여 준 것 같이 우리 죄를 용서하여 주시고"인데, 이것은 하나님께서 그리스도로 인해 우리의 모든 죄를 값없이 용서하여 주시기를 기도하는 것입니다. 우리가 그의 은혜에 의하여 진심으로 다른 사람들을 용서해 줄 수 있기 때문에 우리는 담대하게 이것을 간구합니다.

문답정리

(1) 다섯 번째 간구는 "우리가 우리에게 잘못한 사람을 용서하여 준 것 같이 우리 죄를 용서하여 주시고"이다.

(2) 이 간구는 하나님께서 그리스도로 인해 우리의 모든 죄를 값없이 용서하여 주시기를 기도하는 것이다.

(3) 우리가 다른 사람을 진심으로 용서할 수 있기 때문에 담대하게 간구할 수 있다.

(4) 우리가 다른 사람을 용서할 수 있는 것은 하나님의 은혜 때문이다.

7. 다섯 번째 간구를 오해할 수 있습니다. 우리가 다른 사람의 죄를 용서하는 것이 하나님이 우리의 죄를 용서하는 근거가 된다고 생각할 수 있습니다. 다른 사람을 용서하는 것도 하나님의 은혜로 가능합니다. 하나님의 용서를 받은 사람은 다른 사람을 용서할 수 있어야 합니다. 용서에 대한 예수님의 비유를 살펴보겠습니다. (마18:21-35)

⇨ 만 달란트 빚진 사람은 자신에게 백 데나리온 빚진 사람을 용서해주지 않아 다시 옥에 갇히게 된다. 백 데나리온이 별 것이 아니기에 용서해주어야 한다는 것이 아니다. 자신은 이미 만 달란트의 빚을 탕감 받았다. 자신이 받은 그 엄청난 은혜와 비교해 보면 백 데나리온이 작은 것이다. 내가 하나님의 엄청난 은혜를 받은 것을 아는 사람이 다른 사람을 용서할 수 있다.

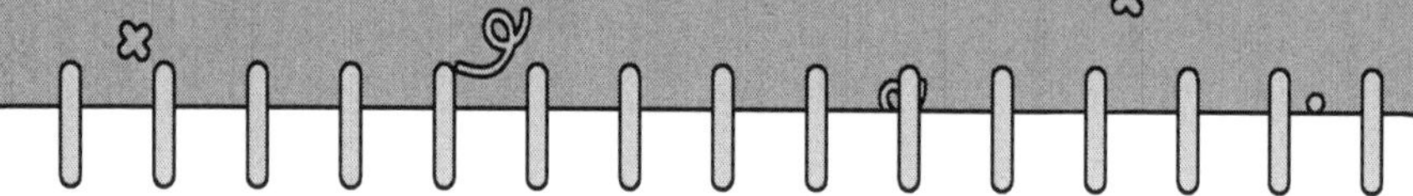

106문: 여섯 번째 간구에서 우리는 무엇을 위해 기도하나요?

106답: 여섯째 간구는 "우리를 시험에 빠지지 않게 하시고 악에서 구하소서"인데 이것은 하나님께서 우리를 죄의 시험에서 지켜주시고, 시험을 당할 때 우리를 도우시고 구해 주시기를 기도하는 것입니다

문답정리

(1) 여섯째 간구는 "우리를 시험에 빠지지 않게 하시고 악에서 구하소서"이다.

(2) 이 간구는 첫째 하나님께서 우리를 죄의 시험에서 지켜달라고 기도하는 것이다.

(3) 둘째 시험을 당할 때 우리를 도우시고 구해 주시기를 기도하는 것이다.

8. 우리의 인생에서 시험은 항상 있습니다. 하지만 시험을 당하는 것과 시험에 들어 죄를 짓는 것은 다릅니다. 다윗과 예수님을 비교해 보겠습니다.

① 다윗 (삼하11:2)

⇨ 다윗이 여인이 목욕을 하는 것을 보고자 옥상을 거닐지 않았다. 옥상을 거닐다 시험이 온 것이다. 다윗은 이 때 이 시험에 들어 죄를 짓고 말았다.

② 예수님 (눅4:1-2)

⇨ 예수님이 마귀에게 시험을 받으시는 사건이다. 이 때 예수님은 40일 동안 금식하신 직후 였다. 육체적으로는 많이 쇠약했지만 영적으로는 가장 고양되었을 때이다. 이런 때도 마귀는 시험을 한다. 마귀의 시험은 때를 가리지 않는다. 하지만 예수님이 이 시험에서 승리하셨다.

9. 매일 살면서 만나는 시험과 악을 우리가 어떻게 이길 수 있나요? (마26:41)

⇨ 내 힘으로는 이길 수 없다. 깨어 기도해야 한다. 다른 방법이 없다.

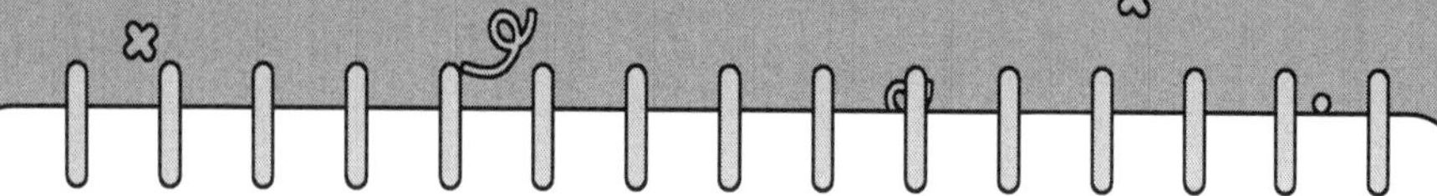

107문: 주기도문의 결론은 우리에게 무엇을 가르치나요?

107답: 주기도문의 마지막 말씀은 "나라와 권능과 영광이 영원히 아버지의 것입니다"인데 이것은 우리가 기도할 때 오직 하나님께로부터 용기를 얻고, 또 기도할 때에 나라와 권능과 영광을 하나님께 돌리면서 찬양할 것을 가르칩니다. 그리고 우리의 소원을 들어주신다는 확신의 표시로서 우리는 아멘 합니다.

문답정리

(1) 주기도문의 결론은 "나라와 권능과 영광이 영원히 아버지의 것입니다"이다.

(2) 이것은 첫째 기도할 때 오직 하나님께로 부터 용기를 얻는다는 것이다.

(3) 둘째 나라와 권능과 영광을 하나님께 돌리면서 찬양하라는 것이다.

(4) 하나님이 우리의 소원을 들어주신다는 확신의 표시로 아멘 한다.

10. 주기도문의 마지막 말씀은 우리가 아무리 낙심된 일이 있더라도 하나님께 기도할 수 있는 이유를 말해줍니다. 무엇인가요? (단9:18)

⇨ 우리가 어려운 상황에서도 하나님께 기도할 수 있는 것은 우리가 무언가 하나님께 내세울 공로가 있어서가 아니다. 오직 하나님의 긍휼을 의지해서 기도할 수 있다. 오직 하나님께 힘을 얻어 기도하는 것이다.

정리

† 이번 과에서 특별히 새로 알게 된 것이나 은혜를 받은 것이 있다면 이야기해 주세요.

† 이번 과를 배우면서 새롭게 결심한 것이 있다면 이야기 해 주세요.

† 암송구절
"11 여호와여 신 중에 주와 같은 자가 누구니이까 주와 같이 거룩함으로 영광스러우며 찬송할 만한 위엄이 있으며 기이한 일을 행하는 자가 누구니이까" (출15:11)